学校徴収金

は絶対に減らせます。

年間1万円以上の保護者負担を
削減した事務職員の実践ノウハウ

栁澤靖明
YANAGISAWA Yasuaki

Ｇ学事出版

は じ め に

●

2015（平成27）年度、小谷場中に着任しました。そのとき、1年生の補助教材費は予算ベースで28,000円でしたが、4年後の2018（平成30）年度は予算ベースで18,000円、さらに決算ベースでは16,663円と**10,000円以上の学校徴収金を減らすこと**ができました。また、同年度の他学年も合わせた3学年分のデータを比較しても、4年間で予算ベース94,300円から69,200円（決算65,623円）となり、**25,000円以上が減ったこと**になります。

また、1年生のときから3年生までにかかったひとりあたりの3年間分を計算してみると、2015（平成27）〜2017（平成29）年度に在籍していた第39期生は予算ベースで87,200円を徴収していましたが、2017（平成29）〜2019（令和元）年度の第41期生は予算ベースで72,000円となり、こちらでも**15,000円以上徴収額が減っています**。

本書で主張したいことは一言です。

───**学校徴収金は絶対に減らせます。**───

そもそも学校徴収金を減らすためには、①買っていたものを買わないようにする、②学校徴収金で買っていたものを公費で買う、③買っているものを安いものに変更する──このように、至ってシンプルに整理することができます。その3パターンのどこかへたどり着かせるためにさまざまな実践を加えていくことが必要であり、それをわたしは「主体的・対話的で深い実践」と呼びます。今さら説明の必要はないと思いますが、2017（平成29）年に告示された学習指導要領改訂の方向性であり、社会に開かれた教育課程の実現に向けた学びの方法として示された「主

体的・対話的で深い学び」を学校財務実践に引き寄せて考えました。

「主体的・対話的で深い実践」は、〈主体的な実践〉〈対話的な実践〉〈深い実践〉と区切って説明できますが、もちろんこれら3つの視点は、学校徴収金を減らしていく過程として、一体的に実現していくものであり、その関連性は高いです。学校財務は学校経営の一翼を担う領域であり、事務職員も教育活動を支えているという**主体性**をもつことが求められます。補助教材にかかわる費用は授業担当者が決めればいい、という考え方ではいけません。また、事務職員の独りよがりな実践とならないように授業担当者や管理職、他職種、保護者や地域住民などと**対話**をしながら実践を積み重ねていくことも重要です。どんな手段を使っても学校徴収金が減れば、目的を達成したと考えてもいけません。そして、予算を執行していくだけではなく、執行の効果を検証するなどの振り返り実践を加えることで、上辺だけの実践から**深い**実践へと移行することができます。これら3つの視点が、じょうずに学校徴収金を減らしていくための重要なポイントになります。

本書の目的は、学校徴収金を減らすためにはどのような実践が必要となるのかを明らかにし、だれもが実践できる方法を紹介することにあります。そのため、主な読者の対象は学校財務担当者です。そして、学校財務担当者は事務職員であることを想定しています。しかし、自校の事務職員にイニシアティブをとって学校徴収金を減らす実践をしてほしいと考える管理職や教員、保護者や地域のみなさまにも読んでいただきたく、できるだけ学校独自の表現などを避けて書きました。それでも不明な点がございましたら巻末の連絡先にメールをいただければ、可能な限りお答えしたいと思います。

目　　次

はじめに……………………………………………………………………………… 2

序章　学校徴収金の存在と減額させる意義
事務職員は何をするべきか………………………………………………… 6

第１部　学校財務実践をつかさどる

第１章　学校財務 PDCA サイクルの確立 ………………………… 18

第２章　具体的なＰ－Ｄ－Ｃ－Ａ実践をパッケージ化する ……24

第２部　教育政策を活用した学校徴収金の減額方法

第１章　学校評価システムにのせた実践……………………………… 46

第２章　学校運営協議会で費用負担のあり方を議論 ……………… 53

第３部　各種学校徴収金の特徴と減額方法

第１章　補助教材（学年）費、学級費の減額実践……………………… 62

第２章　校外活動・部活動費、各種会費の減額実践……………… 74

目　次

第4部　各種実践で使える資料集

第1章　学校財務 PDCA 実践 ································ 86

1．Plan（学校財務計画）································ 86

2．Plan（学校運営予算執行計画）···················· 92

3．Do（執行状況提示）······························ 95

4．Action（教職員・保護者アンケートの検証）·········· 97

5．Check － Action（財務総括として「費用対効果検証」の報告）····· 98

第2章　学校財務評価 PDCA 実践 ···················· 108

1．Plan に対する評価（中間ヒアリング）·············· 108

2．Do に対する評価（教材等費用対効果検証）·········· 109

3．Check に対する評価（学校関係者評価）············ 111

第3章　PDCA の土台（Base）······················ 112

1．校内学校財務研修資料···························· 112

2．市内初任者・若手向け研修会資料·················· 118

3．家庭向け事務室だより···························· 125

4．学校運営協議会における PDCA 実践資料············ 126

終章　学校徴収金が撤廃された未来を考える
事務職員は何をするべきか···························· 132

おわりに·· 141

学校徴収金の存在と減額させる意義

事務職員は何をするべきか

1．学校徴収金の射程

　文部科学省の調査（2017）によると、保護者が学校に支払った年間の平均額は小学校で104,484円、中学校では177,370円となっています。これは、学校給食や修学旅行の費用、ワークやドリルといった補助教材の費用、PTA会費など各種会費、制服代などが含まれ、学校教育費と呼ばれています。このほかにも、学校以外への教育的支出額として、学習塾や家庭教師、文化活動、レクリエーション活動にかかる費用などは、学校外教育費と呼ばれ、小学校で217,826円、中学校では301,184円にもなります。

　本書では前者、義務教育期間中に学校から徴収される費用を学校徴収金として検討していきます。

2．なぜ、学校徴収金が存在しているのか

　日本国憲法（以下、憲法）第26条は、すべての国民に対してひとしく教育を受ける権利を保障し、義務教育は無償とすることを規定しています。すなわち「無償」とは教育を受ける権利の制度的・実質的保障のためにかかげられています。義務教育の範囲は小学校入学から中学校卒業

までの9年間です。憲法では、「これを無償とする」としていますが、義務教育で何が無償なのか——という「無償」の範囲までは書かれていません。1964（昭和39）年に、最高裁判所の判決で「普通教育を受けさせるにつき、その対価を徴収しないこと」が無償の意味であり、「教育提供に対する対価とは授業料を意味する」とされました。これを**授業料無償説**といい、判例の立場となっています。一方、ほかの有力説には修学に必要な費用はすべて無償であるべき、という学説もあります（**修学費無償説**）。しかし、冒頭で述べたように学校徴収金という名のもとで、保護者から費用を徴収しなければ公立学校も学校運営に支障をきたす状態にあり、学校現場では授業料無償説が援用されている状況です。

　次に法律を確認してみます。1947（昭和22）年に制定された教育基本法には授業料を徴収しないことが定められています（第5条）。しかし、無償の範囲を授業料に限定している書き方ではありません。あとで触れますが、戦後復興のために莫大な費用が必要であったにもかかわらず、憲法に定める無償性の理念に呼応するため、とにかく授業料だけは無償として、ひとしく教育を受ける権利を保障しました。

　また、学校教育法第5条では、**設置者が学校の経費を負担する**としています。単純に解釈すれば、都道府県・政令指定都市負担の教職員給与（市町村立学校職員給与負担法）と、国から無償給付されている教科書費用（義務教育諸学校の教科用図書の無償措置に関する法律）、法律で負担者が定められている学校給食の食材料費（学校給食法第11条第2項）、それ以外に必要な学校の経費は設置者である市区町村が必要な費用を負担すると読めます。

　憲法には無償と書かれ、教育に関する基本を定めた教育基本法には、憲法が要請する無償性の理念に応答する形で、ひとまず授業料の無償を

かかげ、学校教育法では設置者負担の原則を規定しました。それでは、なぜ保護者が負担する費用が存在しているのでしょうか。学校徴収金を肯定する根拠、それは〈受益者負担の原則〉がはびこっているからです。

　受益者負担の原則とは、原則という名称だけに法律や条例、規則でもありません。1970（昭和45）年代に、全国都道府県教育長協議会が発案し、知らせたものです。その具体は、補助教材などのうち、そのものの利益が個人に還元されるものは、受益者に負担させるべきだという内容です。

3. 受益者負担と無償性の対峙

　受益者負担とは、一般に公民館などの公共施設を利用するとき、利用者から使用料などを徴収することです。もちろん、学校生活において子どもたちは、学力をはじめとするさまざまな力を得ることができ、それは子どもにとっての受益ではあります。しかし、それと同時に将来を含めて社会全体の利益ともなります。そのため、受益者とは特定の個人ではなく、国民のすべてを受益者と捉えるべきであり、税金による学校運営を憲法や法律で保障している意義がそこにもあると考えられます。

　このように考えれば、受益者負担の原則により保護者の負担を固定的に捉えるのではなく、あくまでも**財源不足を補うものとして保護者の負担は限定的に捉える**必要があります。そして、日常的に学校徴収金を減らしていくこと、さらにその到達先には完全な撤廃も据え、無償性の実現をめざしていく必要があります。

　繰り返しになりますが、教育を受ける権利を保障している無償性の現状は、教室に教科書が置かれた机と椅子があり、最低限授業を聞くこと

ができる状態（参加とは言い難い）を保障している程度にまで矮小化されています。しかし、視野を広げれば、学校給食費や補助教材費が無償となっている自治体もあります。一躍有名となったのは、山梨県早川町です。早川町では、「子どもは地域の宝」を合言葉に2012（平成24）年から学校教育費を無償とし、**学校徴収金の撤廃が実現**されています。同県丹波山村でも同様の取組が実施されています。

　また、個人の利益と考えられやすい学校給食費の無償化についても、古くは1951（昭和26）年から全国に先駆けて山口県和木町が取り組んでいます。近年では、子育て支援や少子化対策として学校給食費から無償性を実現させている自治体が増えてきました。

4．日本国憲法下における無償性をめぐる動向

　学校徴収金を減らしていくこと、そして撤廃まで視野に入れた実践をしていくために、憲法が要請している無償性をどのように理解していくべきなのか、戦後より歴史的経過のポイントを整理しておきます。

　戦後初期の憲法概説書とされる『註解日本国憲法』（法学協会1953：p.501）には、教育を受ける権利に対する費用負担の考え方を「權利といつても、それは特定個人が本條によつて、教育を受けるにあたつて必要な費用の支拂を國家に請求しうるというような、具體的な權利まで與えているのではない」と書かれています。しかし、逆の現象として同時期に「教育を受けることを義務とする以上、『無償』であるべきは、当然である。（‥）さらに學用品等の無償支給（ヴァイマアル憲法一四五條の定めるような）を行うことは、いつそうその精神に添うだろう」（宮沢俊義1955：p.270）という考えもありました。この頃から、「無償の範囲」に対

して、解釈論争が始まったと考えられます。そして、前述したように授業料無償説や修学費無償説が生まれ、司法も判例を示しました。

　一方、行政や立法の場面でも無償性は語られています。1947（昭和22）年の政府答弁で教育基本法制定時に無償の範囲を授業料不徴収にとどめた理由に関して、「わが国の現在の事情としては、授業料を徴収しないというところあたりにしておいて、将来また国力が回復するに従って適当な方法を講ずればいいのではないか」（辻田力1947）と説明しています。

　その4年後、1951（昭和26）年にも、「学用品、学校給食費というふうな、なおできれば交通費というふうなことも考えておりますが、それらを一時に全部やるということは到底現在の財政上ではできませんので、止むを得ず今回は教科書」（辻田力1951）という説明もあります。しかし、教科書が無償とされたあとの1970（昭和45）年には、さらなる無償性の実現に向けた質問に対して、「全部が全部まで、鉛筆やノートまでを地方公共団体あるいは国が持つべきかどうか、これはよく考えてみなければならぬ」（福田赳夫1970）と、多少後ろ向きと思われる答弁に変わってきました。

　そして、1980（昭和55）年になると、「義務教育教科書無償給与制度〔は：引用者〕義務教育無償の精神を、これをより広く実現」した考え方であり、通常要請されていること以上の取組であるという答弁がされ（三角哲生1980）、「修学費無償」の理念から「授業料無償」へと無償性の理念が矮小化していきました。

　さらに、その考え方が現代においても受益者負担という原則のもと、保護者が負担する費用の固定化を助長したり、慣習的に徴収されたりしています。前年度踏襲主義がはびこる学校現場では、慣習が根付いてしまうとなかなか新しい考え方が受け入れられません。それは、費用負担

の面においても同様です。そのため、事務職員はこのような歴史や論理を学校現場で広め、憲法が要請する無償性の理念を高めたり、学校徴収金を減らすために、費用面に関する慣習を見直すリーダーシップをとっていく必要があると考えます。

5. 事務職員が学校徴収金にかかわる意義

学校徴収金を減らしていくためには、事務職員が学校経営における財務（費用）面を担っていくことが必須です。そのため、学校経営を支え〈学校財務をつかさどる〉意義を考えていきます。

学校経営とは、『新版 教育小辞典【第3版】』によれば、「学校が有効適切な教育実践を展開するための人的（men）・物的（materials）・財的（money）な組織的活動（management）であ」り、「教育方針に立脚して、教育実践を行なうための体系的、自主的組織化活動」（平原春好・寺崎昌男2011：p.49）です。さらに、「教育政策や教育法制等の学校の教育活動に影響を及ぼすマクロな『制約』のある状況下で、学校の目標や方針を実現していく実際的な学校の管理運営に焦点を当てた、どちらかといえばメゾ・ミクロな課題を対象とする領域」（小川正人2016：pp.10-11）と整理されます。

そして、学校経営の目標を達成させるため、学校は「学校経営計画を策定して、ヒト、モノ、カネ、情報、ブランドなどの経営資源を調達、運用して、それぞれの資源が有する機能を十全に実現させるにふさわしい組織」（小島弘道2016：p.56）である必要があります。その組織のなかで、事務職員には「学校の意思形成過程や校長の意思決定過程に主体的にかかわり、その専門性を発揮する」（長谷川邦義2010：p.8）ことが期待

されています。学校は、その実現に向けた細案として教育計画（本書では、指導計画と**財務計画**を両輪として教育計画と表記）を策定し、**事務職員には財務計画を自らの担任事項として主体的**にかかわっていくことが必要です。

　ここで、事務職員と教育の関係も整理しておきます。事務職員は学校で働く教職員であり、学校は教育を実施するフィールドです。そして、教育の目的は「人格の完成を目指し、平和で民主的な国家及び社会の形成者として必要な資質を備えた心身ともに健康な国民の育成」（教育基本法第1条）です。それらをつなげ、事務職員も子どもの「人格の完成」に寄与する仕事をしていると考えていくべきです。

　目的を達成させるために目標があり、教育の目標が教育基本法に条文として存在しています（第2条）。また、身近な目標として学校経営の目標があり、これは学校の教育目標を達成させるための目標です。そして、学校の教育目標を達成させるために、学校は教育課程を編成します。

　また、教育課程の基準として学習指導要領が存在します。学習指導要領は、学校教育法施行規則により「教育課程の基準として文部科学大臣が」（第25条）定めています。

　学校財務をつかさどるためには、教育の実施段階における〈計画ライン〉にかかわっていくことが必須です。学習指導要領の法的拘束力に関する問題については触れませんが、最上位計画として学習指導要領を捉えれば、それに従った財務計画（教材整備計画等）は事務職員がつくるべきであり、そのための予算要求も必要になります。その反面、事務職員には、学校にある教育課程の自主編成権を制限することなく、学習指導要領を活用し、授業の仕方や使用する教材・教具や補助教材、消耗品等（以下、教材）を考えていくことも求められます。

序章　学校徴収金の存在と減額させる意義

■「教育の目的」から捉えた学校経営と財務計画のフロー

【目的】	【目標】	【計画】

抽象

教育の目的 → 教育の目標 → 学習指導要領

学校の教育目標 → 教育課程

学校経営の目標 → 指導計画・**財務計画**

具体

6. 学校財務の専門家としての事務職員

　事務職員は、学校財務の専門家として学校財務をつかさどり、前述したような財務計画を主管していく担当者である——、といえる根拠はどこにあるのか検討していきます。

　前提として、事務職員の採用条件に教職課程を履修したことや、採用試験でその履修成果も問われません。一般的な採用試験は、一般教養を問う競争試験が中心であり、専門試験があっても行政職としての専門性（法律や経済、政治など）が問われているだけです。任用が一般行政職と一本化されている自治体では、それが当然のようになっています。

　この時点で、教職員のなかでも行政職と教育職という専門性の違いを理由として、職分のすみわけが起こりやすくなります。しかし、前述したように事務職員も「人格の完成」に寄与する仕事をしている教職員です。**それぞれの専門性を生かした教職員の共同体として〈協働実践〉を**意識することにより、専門性の違いは逆に強みとなります。

　仮に、協働実践のベースがつくられたとします。次に生じる問いは、

13

事務職員に学校財務の専門性があるといえるのか、ということです。確かに、学校財務という専門性の有無を採用試験で判断されたわけではありません。しかし、教職員のなかで学校財務に関する研修を企画、運営、実施、受講しているのは事務職員しかいないと思います。また、自治体が定める学校財務取扱要綱などには、学校財務担当者（以下、財務担当者）として事務職員を充てていることが多いです。

　このように、後天的な専門性となりますが、採用されたあとの経験値や知識値、規定に鑑みれば、事務職員にその専門性がある（期待されている）としてもよいと考えます。さらに、事務職員はその専門的知見から教育計画全体を視野に入れ、財務計画を主管し、学校徴収金の問題を解決させていくことが求められます。そのためにも、学校財務の専門家としてさまざまな場面にコミットメントしていくことが求められます。

　文部科学省や教育委員会より、教育行政の最前線で教育に携わり、教職員として学校現場で教育に携わっているのが事務職員です。教員をはじめ、他職種とは違う専門的知見をもった教職員として〈協働〉を意識し、保護者や地域住民とともに学校財務実践を展開していく立場を形成していく必要があります。それはベテランから若手まで、すべての事務職員に対して求められている「事務をつかさどる」（学校教育法第37条第14項）という職務規定が示す一部でしょう。

【引用・参考文献等】
●小川正人（2016）「戦後教育行政と学校経営の展開」小川正人・勝野正章『改訂版 教育行政と学校経営』放送大学教育振興会、pp.10-26
●小島弘道（2016）「学校の経営と方法」小島弘道・勝野正章・平井貴美代『学校づくりと学校経営』学文社、pp.40-83
●辻田力（1947）「衆議院・教育基本法案委員会」答弁記録、昭和22年3月14日
●辻田力（1951）「文部委員会」答弁記録、昭和26年3月19日
●長谷川邦義（2010）「学校経営環境の変化と経営の高度化」長谷川邦義編『学校経営を活性化する学

校事務の実践』学事出版、pp.8-19
●平原春好・寺崎昌男（2011）『新版 教育小辞典【第 3 版】』学陽書房
●福田赴夫（1970）「衆議院・予算委員会」答弁記録、昭和45年 3 月 7 日
●法学協会（1953）『註解日本国憲法』有斐閣
●三角哲生（1980）「参議院・文教委員会」答弁記録、昭和55年10月23日
●宮沢俊義（1955）『日本國憲法』日本評論社
●文部科学省（2017）「子供の学習費調査【平成28年度版】」平成29年12月22日

第1部

学校財務実践を
つかさどる

第1章 学校財務PDCAサイクルの確立

1．PDCAサイクルを回す意義

「はじめに」、で述べたように学校徴収金を減らせるパターンは、以下の3つだけです[1]。そのため、①～③のどれかを実践しなくては学校徴収金を減らすことはできません。

①買っていたものを買わないようにする
②学校徴収金で買っていたものを公費で買う
③買っているものを安いものに変更する

①は、有用性と必要性の検証がポイントです。そのためには、評価（Check）の実践が重要になります。②は、予算の確保です。調査（Research）から計画（Plan）の実践が重要です。③は、改善（Action）作業を定着させる実践が重要です。

さらに、PDCAサイクルを支える土台（Base）としての実践も必要になります。例えば、知識や考え方を広めるために研修をしたり、情報を共有するためにもっている情報を発信したりする実践が考えられます。このように、学校徴収金を減らしていくために〈R-PDCAサイクル＋

---

[1] 校外活動などに関しては、「実施していたことを実施しないようにする」などと読みかえてください。

[第1部　学校財務実践をつかさどる]

B〉にのせた学校財務実践（「**学校経営型**」**学校財務実践**）を事務職員がつかさどっていく必要があります（栁澤靖明2017：p.65）。

2．学校財務をつかさどる PDCA 実践の概要

　学校財務をつかさどる年間スケジュールの理想を PDCA サイクルにのせて提案します。ここでいう PDCA サイクルとは、学校財務の P － D － C － A と、それら各段階に対する評価として学校財務評価（栁澤靖明・福嶋尚子2017）を組み込んだ形になります（学校財務評価の実践は「Plan に対する評価」などと表記）。

　少しややこしい話になるため、以下の表で概要を理解してください。

■学校財務・学校財務評価の実践スケジュール

時期	具体的な実践	R-PDCA サイクル＋ B
4 月	財務計画の提案と調査の実行	PDCA 説明と Research
5 月	予算執行計画の提案	Plan
6 月～9 月	財務研修や財務だよりの取組	Base
10 月～11 月	中間ヒアリングの実施	Plan に対する評価
12 月	学校評価アンケートの実施	Do に対する評価
1 月	学校評価アンケートの検証	Action
2 月	教材等費用対効果の検証	Do に対する評価
3 月～ 4 月へ	学校財務総括 学校関係者評価の実施	Check → Action → Plan' Check に対する評価

19

◎学校財務をつかさどる PDCA 実践の全体像

　新年度を迎えると同時に、教育計画（指導計画と財務計画）が提案され、実行に移されます。そこで、事務職員は学校財務全体の計画（以下、財務計画）を立案し、提案します。具体的には PDCA サイクルに沿った実践を進めていく確認や、校内財務関係規定の提案、希望物品の調査（Research）です。

　そのあと、具体的な執行計画を作成し、完成した予算執行計画（Plan）は、学校財務委員会や職員会議などの校内組織を経て、学校全体で共通理解を図ります。

　次に、予算の執行段階（Do）では、公費と学校徴収金を計画的・効率的に執行していき、その執行に対する説明責任を果たしていくことが求められます。この段階では、研修を実施して教職員に知識や情報を伝達したり、おたよりを用いて保護者などへ情報を発信する実践を交えたりすることで、PDCA 実践を支える土台（Base）がつくられていきます。前期の課程が終了したあたりで、中間ヒアリング（Plan に対する評価）を実施し、子どもの実態に合わせて指導計画を見直す必要性、財務計画（予算執行計画）の見直しや補正に関する検討を適宜行います。また、教材の購入だけではなく、校外活動の費用も同様です。

　年度末に近づくと、執行段階の評価（Do に対する評価）が始まります。第 1 弾として、学校評価（教職員や保護者アンケート）を活用して、「学校徴収金を軽減しているか」などという総合的な評価を実施します。そして、その結果を検証し、概括的な改善策を提案して翌年度につなげます（Action）。第 2 弾は、個別的な評価です。執行した費用に対する効果（教材等費用対効果）の検証をします。購入・実施したすべてのモノやコトに対して、〈授業内有用性、行事費用有意性〉を評価します。

［第１部　学校財務実践をつかさどる］

　最後に、学校財務総括（Check → Action → Plan'）です。学校財務の総括評価をした流れで改善策を提示し、翌年度の財務計画（素案）を職員会議や校内研修で教職員に提案します。そして、必要があれば修正を加え、学校関係者と課題を共有し、客観性・透明性を高めるために、学校関係者評価でも学校財務の総括を提案し、評価してもらいます（Check に対する評価）。

　以上の流れを模式図に表すと次ページのようになります。上図、学校財務 PDCA においては、評価（Check）からサイクルを回しています（順序を C → A → P → D とし、計画からではなく評価からスタート）。PDCA サイクルは、計画→実行→評価→改善の順に示されることが一般的ですが、単年度意識が強い学校現場では２つの課題があると考えられます。

　①評価から翌年度の計画立案までの期間が短い（３月評価、４月計画）
　②人事異動もあり、評価を受けた改善案が計画に生かされない

　この課題を解決させるためにも評価（Check）から始まる「CAP-D（キャップドゥ）サイクル」（田村知子2016：p.69）を意識すること、評価を受けて改善策と翌年度の計画を一連の流れで捉えて実践することが必要です。また、**理念的計画の実行を評価するのではなく、実態を評価して改善につなげる**という考え方もできます。そのため、評価（Check）を特に重視していくことが求められ、それが学校徴収金を減らしていく実践にもつながっていきます。また、すべての実践を支え、効果を高めていくために土台（Base）を固める取組も、各学校の状態や段階に合わせ、同時進行で進めていき、実践を定着させていくことが望まれます。

21

■「学校経営型」学校財務実践のイメージ

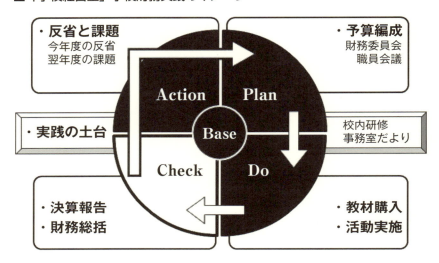

■学校財務評価実践のイメージ

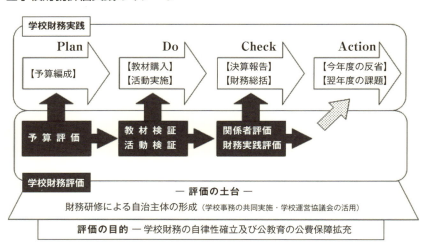

［第 1 部］　学校財務実践をつかさどる

【引用・参考文献等】
- 田村知子（2016）「マネジメントサイクルによるスパイラルアップ」田村知子・村川雅弘・吉冨芳正・西岡加名恵『カリキュラムマネジメントハンドブック』ぎょうせい、pp.68-76
- 栁澤靖明・福嶋尚子（2017）「学校財務評価の理論と実践――学校財務の PDCA サイクルに対する評価モデルの構築」『日本教育事務学会年報 第 4 号』学事出版、pp.70-82
- 栁澤靖明（2017）「この〈つかさどる元年〉をチャンスに！」藤原文雄編著『事務職員の職務が「従事する」から「つかさどる」へ』学事出版、pp.62-67

具体的なP-D-C-A実践をパッケージ化する

1. 学校財務計画の提案【Research → Plan の実践】

　4月1日の人事異動が終わると、数日中には新しい組織体制で職員会議が開かれ、最初に校長の経営方針（学校経営目標）が示されることでしょう。そのあと、校務分掌の決定や年間計画の提案が続く、というのが一般的な流れでしょうか。その日、話題のほとんどは指導計画に分類される内容だと思いますが、学校財務という分掌を担っている事務職員も主体的に財務計画の立案から提案を担っていくべきです。

　学校財務はすべての指導計画（授業計画や行事計画等）を支える意味でも、学校経営の費用面を総合的に担う位置にあると考えられます。そのため、**わたしは校長の経営方針が示された直後、そのタイミングで財務計画を提案**しています。

◎学校財務の年間計画を提案

　まず、財務計画の体系や領域を説明し、年間財務スケジュールを提案します。授業に関しては、年間指導計画により単元の実施時期、ねらいなどが明示されています。それと同じように、予算執行計画や執行状況の提示方法、評価の実施時期や改善方策の提案時期を明示しておきます。これにより、先を見通すことが可能になったり、評価に対する理解を高めておくことができ、計画的に実践できます。また、同時に教科等へ物

［第1部　学校財務実践をつかさどる

品購入の調査（Research）をします。このとき、かならず前年度に実施した評価（Check）と、それによる改善案（Action）を同時に提示し、新しい組織体制でそれらを再確認しておきます。

　物品購入の調査に関しては、品名や規格と一緒に〈使用単元〉や〈使用例〉を書いてもらうようにしています。これにより、教科書等で単元を確認したり、使用方法を話し合ったりしながら、購入物品を決定することができます。一般的に事務職員は、公費で購入する物品のみを扱う場合が多く、保護者負担になる可能性が高い補助教材までかかわることは少ないかもしれません。しかし、財源が違うだけで、どちらも授業において必要性が高いため、購入を検討するものです。公私の区別なく網羅的に調査し、必要な費用の総額を確認することで公費の不足分が明確となります。そして、これにより学校徴収金の総額も示せます。この時点で**調査の範囲を公費のみに矮小化してしまうと、同時に学校財務の範囲も矮小化され、学校経営を支える意義も弱くなります。**

　また、掲載した資料にはありませんが、わたしは補助教材のみではなく、生徒会費や部活動費、親睦会費などといった費用全般の計画も示すようにしています。このことで〈事務職員＝お金を扱うひと〉という印象を与える効果もあります。

　　──■学校財務計画【資料86ページ参照】

2．予算執行計画を提案【Plan の実践】

　4月中旬には前述した調査もまとまり、同時に教育局各担当課より予算の令達も行われると思います。令達された予算の総額を示すことだけではなく、各教科や領域等に対する予算の詳細を立案し、総合的な予算

25

執行計画（Plan）を提案することが事務職員にとって、年度当初の大仕事になります。もちろん、学校徴収金の予算も立案し、その計画に組み込みます。特に、学校徴収金の予算執行計画は、国語科補助教材○○円、技術科実習費○○円のように、まとめて表示をするのではなく、保護者にわかりやすく、かつ理解しやすいように示す工夫が必要です。

埼玉県川口市の場合は、「川口市立学校（園）財務取扱要綱」[2]（2018年）により、財務担当者に事務職員が指定され「学校配当予算及び学校徴収金等の年間執行計画」をつくり、周知させることが定められています。このように、**要綱等が規定されていることで、事務職員も実践につなげやすく、リーダーシップをとりやすいこと**は明確です。

予算執行計画は、校内周知、保護者周知、そして学校運営協議会を通して地域にも周知させていきます。

───■学校運営予算について【資料92ページ参照】

3．土台を整え、実践を支える研修や情報発信【Base の実践】

知識の伝達、考え方の提案、情報の発信、意見の集約という観点で学校財務実践の土台（Base）を整える実践を紹介します。

具体的には、学校財務委員会の設置と財務だよりの配付（意見の集約

2　第4条　校長は、学校運営を適正かつ効率的に行うため、学校配当予算通知を受理後速やかに学校配当予算及び学校徴収金等の年間執行計画（以下「予算執行計画」という。）を策定するものとする。
　　2　校長は、前項の予算執行計画を策定した場合は、その内容を学校職員に周知することとする。
　　3　前項の事務は、財務担当者が行う。
　第5条　校長は、前条の予算執行計画を策定するにあたり、学校財務委員会を設置することができる。
　　2　学校財務委員会の構成員は、校長、教頭、財務担当者、その他の学校職員とする。

［第1部　学校財務実践をつかさどる］

や情報発信）、校内研修等による学校財務研修や初任者・若手のための学校財務研修、同じく教育実習生への講義があります（知識の伝達や考え方の提案）。

◎学校財務委員会の設置で意識を高める

　学校財務委員会は、一般的に予算委員会とされることが多い組織です。わたしの場合は、予算と呼ぶと公費が中心になるようなイメージがあり、**学校財務の範囲を矮小化させないために学校財務委員会**としています。

　公費はもちろんのこと、私費（生徒会費や部活動費、補助教材費など）も同列に捉え、総合的に学校財務を考えていく組織です。月に1回程度、話し合いの場を設けられればよいと考えています。そのため、職員会議の一部を学校財務委員会として捉えてもよいと考えています。むしろ、このパターンのほうが実践しやすいかもしれません。また、学校財務委員会等の設置が要綱に規定されていると、予算執行計画の提案同様に、実践の後押しになるでしょう。

　わたしは、「学校財務だより」（事務だより研究会2017：pp38-39）をレジュメとして、執行状況はもちろんのこと、教科別執行額や予算残高、購入物品、執行に動きがあった費用の残高をそのつど提示しています。公費予算の残高だけではなく、部活動費なども扱い執行状況と残高を共有しています。執行状況や残高は、財務管理ソフトなどをうまく活用し、かんたんにデータを扱えるようにすることで、負担感なくタイムリーに情報を発信することが可能になります。また、紙で配付するだけではなく、職員間で共有しているサーバーにデータを蓄積させていくこともでき、それが購入物品台帳としても効果をあげます。

　月1回程度でも話し合いの場を設けていると、普段から財務の情報が

身近になり、そのことで意識も高まってきます。〈情報を公開しない＝知られたくない→意識が高まらない〉という負の連鎖が生じてはいないでしょうか。「教員はお金に疎い」、よくそんな言葉を耳にします。しかし、適正な情報を的確かつ継続的に発信しているでしょうか。「疎い」と事務職員がいえるほど、土台づくりの実践が進んでいるのでしょうか。少々疑問が残ります。

　以下に続く、土台づくりとしての研修もそういった効果を高めることが可能な実践です。

───■学校財務だより【資料95ページ参照】

◎校内、校外で初任者研修を担当してみよう

　鉄は熱いうちに打て！　初任者が熱いかどうはべつにしても自校に配置されたときは、事務職員として学校事務領域に関する研修の時間を用意してもらいます。そして、熱いうちに研修を打っておきます。

　そのときどきによって、毎月第2火曜日と決めて実施したり、年に数回指定日の研修を担当したりしたこともありました。**学校事務領域とは、学校財務の分野以外にも就学支援制度、服務規定や教育法規、学校環境、給与規定などのように広い範囲**を扱っています。回数が限られているときは、学校財務を中心に研修していますが、就学援助や子どもの権利条約、シックスクール、学校施設設備についてもかんたんに取り上げています。

　研修に同席していた指導担当教員からは、**初任者にとって学習する機会の少ない内容**であり、仕事に対する考え方の幅を広げる効果もあると評価されています。──少ないと表現されましたが、**任命権者が実施する初任者研修で学校財務の内容は皆無**です。

[第1部] 学校財務実践をつかさどる

　埼玉県の初任者研修資料『教師となって第一歩』には、「学校保健」・「学校安全」・「学校給食」という項目はありますが、「学校財務」までは届いていません。さらに、文部科学省が調査している「初任者研修実施状況（平成29年）調査」でも、校内・校外の初任者研修を問わず「学校財務」という研修内容は見当たりません。そのため、**この分野は事務職員が学校現場で切り拓き、補っていく必要がある**と考えています。初任者研修を事務職員が担当した場合、その実績は内容とともに教育委員会へ報告されます。この実践を切り拓いていき、定着させていくためにも、実績をつくっていくことが必要です。まずは、それを第一義的な目的にしてもよいと考えます。

　わたしは、初任者研修に意義を感じてから継続的に実施しています。そして、埼玉県川口市にも共同実施の波が押し寄せ、試行が始まったことを機に**共同実施組織内12校から初任者を集めて研修を実施**してみました（対象者約20人）。２年目は、近隣他地区まで対象を広げ（同約40人）、３年目となった今年から地区を超えて市内すべての初任者と若手教員に対する研修までに発展しました（同約180人＋若手）。内容は「学校のお金にまつわる話を中心に教育活動をみていこう」と題して、給与規程・就学支援・学校財務の話をしています。アンケートからも、学校徴収金を減らしていく意義などを若いうちに学べたことはよかった──という声が聞こえてきました。

　ここで、どのような流れで初任者研修を企画提案して、学校徴収金の問題を伝えればよいのか、わたしの考えを紹介します。

①「給与規程」について説明したい！　という気持ちを前面に出す
②子どもの就学を援助する制度も重要なので付け加えたいという

③おのずと、学校徴収金の問題に触れざるを得ない状態にもっていく

④学校徴収金を軽減させるべき理念をしっかり伝える

　このように企画提案のコツは、給与の話から入ることです。校内で給与規程について研修ができるのは事務職員だけです。反対される理由が見当たりません。そこから、お金という概念を介して〈就学援助〉や〈学校徴収金〉のような本当に伝えたい部分にまで話を伸ばします。また、研修のコツは、どれだけ初任者のフィールド（レベル）において、伝えたい内容を組み込むかです。もちろん、初任者研修だけにいえることではありませんが、まだまだ視野が狭い初任者の場合は配慮が必要となります。

　例えば、初任者でもよく知っているだろう教育政策や、各種メディアにおいてもホットな話題と組み合わせるとよりわかりやすくなります。わたしは、ほかの初任者研修でも学んでいるだろう理念「生きる力」と自分の研修内容をリンクさせたり、「確かな学力」の定義などを引き合いに出して学力と教材を説明し、子どもの貧困問題の延長で学校徴収金につなげたりしています。ここまで引き寄せることができたら、初任者のフィールドで学校徴収金の問題を扱うことができ、初任者にも自然と意義が伝わっていくと考えます。

────■初任者・若手向け財務研修【資料118ページ参照】

◎採用前、教育実習生に伝えておくべきこと

　ここ数年、大学の教職課程で授業をさせてもらっていることもあり、わたしはその資料を教育実習生の研修にも転用しています。もちろん、初任者研修を担当している人であれば、それを転用してもよいと思いま

［第1部］　学校財務実践をつかさどる

す。初任者研修と同じように自分から申し出ない限り、自動的に時間を確保してくれるようなケースは少ないでしょう。

　ここでは、控え目な提案と勢いに任せる提案方法を紹介します。

　①給料や諸手当の説明をしておきたいという気持ちを示す
　②校長講話や教頭講話があるなら、事務職員講話もやりたいという

　どちらでもいいと思いますので、担当者に相談してみましょう。一度実施できれば翌年度以降も定着していくでしょう。

　続いて内容です。実習生は、実務的な仕事の経験がありません。そのため、理論的な話から実務的な話へ落としていくことを心掛けています。学校財務の領域では、どうして学校徴収金が存在しているのかという歴史的経過や行政・司法・立法の関係をみていきます[3]。

　初任者研修の課題と重なりますが、大学の授業内容では〈教育行政〉に比べると〈教育財政〉は極端に扱いが少なく、〈学校財務〉はほとんどありません。そのため、多少なりとも実習現場で事務職員が伝えておくべきです。

　また、学生である実習生は、学校で働く（先生になる！）という夢や希望に満ちあふれていますが、**学校に対するイメージは自分の（成育歴に応じた）イメージ以外もっていない**ことが多いように感じます。そこで、実際の学校現場からみえてくる子どもたちの状況や、就学援助と貧困問題などについて話をすると、実習生の多くは〈目から鱗〉を落とし

3　本書の序章「学校徴収金の存在と減額させる意義」で書いたように、義務教育の無償性や受益者負担の原則などから説明します。実務を経験していなく先入観もないため、このあたりの内容をフラットに受け止めることができます。採用後は、すでに受益者負担が蔓延している学校現場にいるため、その感覚を拭うのがたいへんです。

31

ます。教育実習においても、指導に関すること以外を学んでもらうことは必要です。**教員として採用される前に視野を広げておくこと、特にお金に関する知識や考え方を伝えておくことはたいへん重要**です。

◎校内研修の時間で学校財務の研修を実施

　教職員の学校財務に関する〈意識の向上〉と〈認識の変化〉をねらいとして校内研修の時間を使って財務研修をしています。かんたんに説明すると、学校財務委員会の〈学び合い〉から一歩進み、〈学び合いと伝達〉の場をつくることです。指導計画と財務計画は、教育計画の両輪にもかかわらず、指導に関する研究は毎月実施していますが、財務に関する研究をしている学校はあまり聞きません。このように、財務研修は「学校文化への挑戦」（妹尾昌俊2019：p.88）でもあります。

　事務職員が校内研修を担当することは、教員からみると事務職員の研究授業に参加しているという感覚に近いと思っています。実施する側の事務職員も同様にイメージするとやりやすいです。そのためにも、普段から校内研修に参加していく必要があります。事務職員にとっても知っておくべきこと（要配慮児童・生徒の情報共有など）を題材にしていることも多いでしょう。

　研修内容は、初任者研修や教育実習よりも実効性や汎用性が高いものを選んでいますが、落としどころは同じです。具体的には、自治体の総予算に教育費が占める割合を確認するという基本の〈キ〉から始めます。理由はわかりませんが、学校には〈お金がない〉というイメージばかりが先行しているからです。そのため、事実を示すことから始めていくことが必要です。

　研修の工夫としては、**参加者に主体的・能動的に参加してもらえるよ**

［第１部］　学校財務実践をつかさどる

う、クイズ形式で問題を出してみたり、板書をしながら説明をしてみた
りします。このように、意図的に授業らしさを出しています。また、子
どもたちがプリント学習をする感覚と同様に、話を聞くだけではなく、
考えて動く取組作業や話し合いの場があるとより理解が深まっていくと
考えます**4**。

　研修を重ねていくことで〈要望を受けて事務職員が購入するだけ〉と
いう一方通行で、事務職員にとっても受動的な流れではなく、お互いの
意識が高まり、購入までのプロセスにも価値を見出すことができるよう
になります。どんな教材をどこから、いくらで購入したのかという情報
を共有することだけで、教職員に対する予算執行の透明性や信用性も担
保できます。

　このように書くと、「別に疑われてなんかいない」といわれそうですが、
完全に信頼を寄せているというのは方便で、よくわからないからとりあ
えず〈おまかせ〉されている状態を〈信用〉と捉えてはいないでしょう
か。

　研修の実施後も、その内容を検証する作業が必要です。理解度を確認
するねらいもありますが、**一方的な研修で終わらせずに課題をフィード
バックさせる**意味も含めてアンケートをとり、分析します。そして、書
かれた質問や今後の課題、研修の効果などは事務室だよりを使って返答
していきます。

─── ■学校経営の財政面を担う学校財務【資料112ページ参照】

4　余談ですが、研究授業を真似て学習指導案を書いてみたこともあります。指導案を書くことは
　自分自身の勉強にもなりました。子どもたちに（今回は教職員）、この教材で何をどのように学
　ばせたいかという５Ｗ１Ｈが自然に整理できます。よく「指導案は簡略化し、Ａ４両面にまと
　めてください」という話を耳にしますが、実際に書いてみるとなかなかに難しいのが本音です。
　授業の流れ（導入・展開・まとめ）を簡略化し、板書計画を省き、やっとＡ４両面のボリュー
　ムでした。

４．予算執行計画を振り返る【Plan に対する評価の実践】

　予算の評価という実践ですが、あまり一般的ではないと思われますので若干の説明を加えておきます。年度当初に提案した各種予算執行計画を振り返り、予算計画の検証をすることがねらいです（Plan に対する評価）。

　具体的には、前期の指導計画と財務計画、後期の指導計画と財務計画、それぞれの調整や修正をします。また、中間評価をすることで、年度末に実施する評価実践の効果を高めるねらいもあります。

◎学校財務の中間評価をヒアリングで検証する

　授業内容の理解度を高めるために（教える材料として）教材はあるべきですが、単元によっては教材ありきの授業が展開されていることもみられます。校外活動に対する予算も同様です。校外活動を通して学びを深めるために、学校の外へ足を延ばしますが、学校の外へ行くことが先行しているようなパターンです。例えば、「１年生は、潮干狩りに行く」ことありきで、校外活動のねらいをあとから設定しているようなケースです。また、年度当初に購入を予定していなかった教材が、あとから必要になったりするパターンも少なくありません。

　このように、教材や活動の選定について振り返りや展望を話し合う実践をわたしは学校財務の中間ヒアリングとしています。実行の根拠を理論づければ、学校財務評価における財務・予算計画の評価（Plan に対する評価）という段階の実践です。しかし、そこまで難しく考えなくても年に一度は**学校財務をテーマにしっかり話し合う時間をつくる**ことを根

［第1部］ 学校財務実践をつかさどる

拠としてもよいと思います。この実践は、授業担当者と財務担当者、お互いの負担と実施に対する効果を天秤にかけても有益な行為だと考えています。普段から話し合いの場があれば、必要ないかもしれませんが、多くの学校では、なかなか時間がとれているとはいえないでしょう。

　また、自分が担当する教科や領域について、費用面の話をしたい人は意外と多いです。この提案を職員会議でするときは、「各教科等10分程度の時間を確保して事務室に来てください」と伝えていますが、多くの人はそれを超える時間、話し合っていきます。なかには、空き時間を全部使うほど語っていく人もいます。前述した学校財務委員会の個別相談会、話し合いながら要望を伝えられる場として、重宝しているのかもしれません。

　もちろん、事務職員もただ聞くだけではなく、投げられたボールを投げ返すようにキャッチボールしていくことが大切です。また、使用例や単元でのねらいなど不明なことはこちらからもボールを投げ、投げ返してもらうことで切磋琢磨する機会にもなっています。

　この実践も、話し合った意見や修正した内容を地域向けに整理し、学校運営協議会の議題にあげます。そして、翌年度に向けた予算要求やヒアリングの機会がある自治体は、そのための準備としても重要な実践に位置付けられることでしょう。

　　──■学校財務中間ヒアリング【資料108ページ参照】

5. 購入した教材を振り返る【Do に対する評価の実践】

　執行段階の実践（Do の実践）は、予算執行計画に基づいて行われます。それは、基本的に購入・実施に対する注文（依頼）と納品（実行）、そし

35

て支払いという行為の繰り返しです。この実践は、その行為（執行段階）に対する評価の実践です（Do に対する評価）。

　評価と聞くと学校評価が思い浮かぶと思います。第 1 章で述べた通り、本書では、学校評価（教職員や保護者アンケート）を活用し、「学校徴収金を軽減しているか」などという評価を総合的な評価[5]として、そのあとに教材や活動に対して実施する評価を個別的な評価としています。

　ここでは、後者の個別的な評価を紹介します。例えば、国語科で購入した漢字ドリルの評価、同じく理科の実験セット（ビーカーや水槽など）、体育科のラインカーといった教材や、校外活動としての遠足や旅行、校内行事としての運動会や文化祭などの活動にかかった費用対効果を検証します。

　この実践は〈安かろう悪かろう〉を抑制させるためにも重要です。「学校徴収金を減額しよう！」と取組を始めると、どうしても安物に走ってしまうことがあります。それを防ぐためには、事前調査はもちろんですが、事後検証も重要です。わたしは、美術科の教材として購入した版画板を教材販売店ではなく、安さを追求するため「餅は餅屋、材木は材木屋」という、ひらめきに任せて購入したことがあります。その結果、学校徴収金は減らせましたが、とても削りづらい板を購入してしまい、作品としての完成度を下げてしまいました（柳澤靖明2016：pp.69-71）。もちろん、材木屋の板が粗悪品だったわけではなく、版画に適していない板を購入してしまったというわたしのミスです。この失敗が事後検証を始めるきっかけになりました。全国的にも同じような実践があります（現代学校事務研究会2014）。

　5　「学校評価」については、教育政策を活用して学校徴収金を減らす取組として第 2 部第 1 章で扱います。

[第1部] 学校財務実践をつかさどる

◎教材に対する費用対効果を検証する

まず、評価をしてもらうための評価シートをつくります。そのとき、なるべく既存の財務管理システムからデータを流用する[6]と自分の負担も軽減されます。

次に、評価者を指定します。指導観的評価者として授業担当者（各教科主任等）を指定し、財務観的評価者を事務職員とします。評価対象項目は、公費・私費・消耗品・備品を問わずにすべての教材とし、教科または学年ごとに抽出しておきます。

評価の観点は、具体的でわかりやすい表現とするために、わたしは以下のように設定しています。

①思っていたより使い勝手が悪く、あまり使えなかった教材はないか
②問題量が多くて全部終わらなかった問題集はないか
③費用対効果を考えると別の教材にする余地があったのではないか

教育効果の検証は、単年度では難しいので教育効果より少し焦点を絞った**授業内有用性**（この授業内でこの教材は有用であったか）に観点を絞って評価を実施しています。この観点ならば、教育効果の検証が難しい教材（洗剤など）に対しても評価が可能です。つまり、授業では必要ですが、教育効果を検証することにはふさわしくない教材に関しても振り返りが実施可能になります。それと合わせて、翌年度への引き継ぎという観点も入れます。今年度、有用であった教材は継続使用できるのか、

6　「財務だより」の実践でも書きましたが、既存の財務管理システムや自作のエクセルソフトなどがある場合は、「管理」だけに利用するのではなく、さまざまな実践に応用できるような機能をもたせると実践に対するハードルも下がり、同時に実践者の負担も減ります。

37

翌年度は購入を見合わせて別の教材に変更するのか、消耗品のため再度購入が必要なのか、という翌年度につなげるための検証も可能です。

一方で活動に対する評価は、評価シートよりも対話形式のほうがよいと考えます。貸し切りバス代や体験学習代などは、特に活動行程とのリンクを検証する必要があり、総合的な評価が求められるからです。さらに、教材に比べて多額の費用を必要とする場合が多く、特に修学旅行や林間学校のそれは負担が大きいため、評価も時間をかけて実施します。学校現場には校外活動終了後、すぐに反省会を開く習慣があると思いますので、そのときに〈行事費用有意性〉を検証するとよいでしょう。

最後に、実践の提案方法を紹介します。提案には根拠があると理解が浸透します。それを法律レベルで説明できるとよりスムーズでしょう。

①学校教育法第34条第4項
②文部科学省通知（平成27年3月4日）
③地方教育行政の組織及び運営に関する法律第33条第2項

まず、学校教育法第34条第4項では、教科書以外の教材で「**有益適切なもの**」の使用を認めています。さらに、文部科学省は「学校における補助教材の適正な取扱いについて」という通知で、保護者に「**経済的負担が生じる場合は、その負担が過重なものとならないよう留意**」することを示しています。①と②から、有益適切かどうか、学校徴収金が過重となっていないか、を検証する行為が必要となります。

そして、地方教育行政の組織及び運営に関する法律第33条第2項には、「学校における教科書以外の教材の使用について、あらかじめ、**教育委員会に届けさせ、又は教育委員会の承認を受けさせることとする定を設け**

［第1部］　学校財務実践をつかさどる

る」とあり、自治体の学校管理規則で「届け」か「承認」を定めています。しかし、「承認」と定めているところは少なく、「届け」が多くみられます。そのため、教育委員会も①と②の検証をしていないことになり、この部分は学校で実施する必要があるといえます。

　この実践は学校徴収金を減らす実効性が高いこと、実践の根拠が伝わりやすいことから、事務職員の取組として広めていく価値は高いと考えます。もちろん、この実践も〈中間ヒアリング〉と同様に一方通行ではなく、話し合いの時間を設けて意見交換をしながら進めていくことが必要です。そして、改善方策の検討に向けた取組につなげるため、中間期よりもしっかりとした話し合いの時間を設けます。

　──■教材等費用対効果検証シート【資料109ページ参照】

6. アンケートを検証し、改善策を提案する【Action の実践】

　アンケートとは、自己評価のための教職員アンケートや保護者アンケート、子どもアンケートなど、学校評価の過程で実施されるアンケートのことです。これらを受けて、学校財務の改善策を提案します。

◎教職員アンケートと保護者アンケートを分析し、検証する

　初めて学校財務に関する教職員アンケートを実施したのは10年以上前のことです。そのとき、全体の50％（全教職員40人中20人）が「評価（判断）しかねる」という回答を示しました。**全教職員の半数はできているかどうか判断すらできない状態でした**[7]。この結果を受け、改善策

　7　逆に評価があった人の85％（20人中17人）は「できている」という高評価であり、評価が二分しました。

39

（Action）として学校財務委員会の設置を提案しました。

　そのあと、学校財務委員会を毎月のように開催し、学校財務という領域を身近なものにしていった結果、「評価（判断）しかねる」を選択するひとがいなくなりました。このように土台（Base）を固めていくことは、とても重要です。**評価ができる状態でなければ、価値を判断することもできませんし、学校徴収金の議論も空論化**してしまいます。

　例えば、会計事故を防ぐためだけの改善策として管理職からトップダウンで学級費をなくした場合、アフターケアも不明な状態で使えるお金だけがなくなること——、それだけが目立ってしまいます。この場合でも結果として学校徴収金は減りますが、納得した形とは言い難いでしょう。このような形ではなく、事務職員がお金とひとを有機的に結びつける取組を意識し、納得した形で減らしていくことが重要です。

　学校徴収金が実際に減るタイミングは、予算執行計画（Plan）のときです。第1章で述べた通り、「CAP-Dサイクル」を意識し、評価（Check）で明らかにした課題の**改善策（Action）**を、翌年度の予算執行計画（Plan）へつなげます。学校徴収金を減らすためには、この実践がたいへん重要になるため、客観的にも納得できる具体的な改善策（Action）を提案しておく必要があります。

　わたしもトップダウンではありませんが、勢いに任せて減らしていた時期もありました。しかし、やはり勢いだけではうまくいきませんし、定着もしません。周囲の理解を得ながら外堀を埋めていき、少しずつ意識を変えながら実践することが重要です。

　それでは、改善策（Action）を提案するまでの進め方、事務職員としてのかかわり方を考えていきます。保護者アンケートは、それほど過激な意見やストレートに意見を出してくることは少ないと思います。しかし、

[第1部] 学校財務実践をつかさどる

学校の状況をしっかり分析して、意見や疑問を投げかけてくれる保護者もいます。直接、学校徴収金に関することをコメントしてくる場合以外にも、制服や各種シューズに関するコメントから間接的に学校徴収金もかかわってくるようなことがあるでしょう。そういった部分は、事務職員がしっかり見極めていく必要があります。

また、保護者・教職員アンケート等を集約したあと、校内の学校評価担当者が結果報告と改善策を総合的に報告すると思います。そのなかで、学校財務に関する部分は事務職員も積極的にかかわっていき、主体的に改善策をまとめていくことが求められます。わたしは、保護者・教職員アンケートそれぞれに分析と改善策の報告書をつくっています。それを校内研修や職員会議で提案していくという流れです。

ここまでが総合的な評価に対する検証、改善策（Action）を提案する実践です。教材と活動に対する個別的な評価に対する検証、改善策（Action）の提案は次で紹介します。

───■各種アンケートの考察と改善案【資料97ページ参照】

7. 学校財務総括【Check → Action → Plan'の実践】

学校財務実践のサイクルとしては最後の実践です。ひとつ前の実践が改善策（Action）の提案であり、ここで評価（Check）に戻っているために、順序が前後している印象を与えているかもしれません。少し説明を加えると、ひとつ前は教職員や保護者のアンケート等に対する改善策（Action）ですが、ここでは学校財務実践を総括して評価（Check）し、翌年度の財務計画（Plan'）に向けて、改善策を提示する実践を紹介します（Action）。

◎財務総括としての「教材等費用対効果検証」報告

　まず、財務総括を実施するために決算報告を作成し、今年度の反省と翌年度の課題を洗い出します。決算は、公費と学校徴収金を合わせた学校運営費をトータルで提示することが必要です。それには、事務職員がイニシアティブをとり、決算に関する研修をするなどして、教育計画との関連性にも触れながら年度末評価につなげていくことが理想です。

　総括のタイミングにもよりますが、出納整理期間や人事異動もあり、年度末に正確な決算を提示することは難しいです[8]。そのため、具体的な実践として〈教材等費用対効果検証〉の報告に関する研修をそれに位置付けています。

　Do に対する評価の実践で行った検証シートを集約し、検証結果と財務担当者としてのコメント、翌年度への引き継ぎなどを加えて、職員会議や校内研修で報告しています。継続性を意識させるために前年度との比較をしたり、学校徴収金と公費の割合を示して前者が多額になっていることを意識させたり、各教科や学年ごとに学校徴収金の合計額を示したりしています。

　授業担当者は指導計画を振り返り、翌年度の年間指導計画に課題を引き継ぎますが、そこに費用面の引き継ぎが入ることはそう多くありません。ほとんど明文化されていないといっても過言ではないでしょう。そのため、財務計画を振り返り、翌年度の年間財務計画に課題を引き継ぐ行為が必要になります。このように、〈費用面の各教科別引き継ぎ資料〉としての機能や、状況を振り返ることで学校徴収金を見直す効果もありますが、合わせてカリキュラムマネジメントの観点からも意義深い実践となります。この実践を続けていくと、**授業担当者の自治性も高まり、**

　8　総括のタイミングに合わせて〈仮決算〉だけでも年度内に実施しておくとよいと考えます。

[第1部] 学校財務実践をつかさどる

それぞれの教科部会や授業担当者個人でも教材や活動を検証していくことにつながっていきます。

　財務総括のポイントは、以下の3点を全体で共有し、今年度の状態を振り返り、翌年度につなげていくことだと考えます。

①限られた予算で効率的・効果的な執行を行う（価格面）

②学校徴収金を限りなくゼロに近づける取組を行う（公費保障）

③教材や活動の振り返りを行う（効果の検証）

―――■「教材等費用対効果検証」報告書【資料98ページ参照】

8．学校財務を学校関係者評価の俎上へ【Check に対する評価】

　この実践は、学校関係者評価で学校財務に関する評価をすることです。自己評価の透明性や客観性を担保するための取組として、法令上でも努力義務とされている学校関係者評価です。学校財務の評価は、自己評価までで満足せずに学校関係者評価まで手を伸ばす必要があります。これにより、学校財務の情報は教職員や保護者を超えて地域住民にも届きます。

　評価者、評価の主体としては、学校関係者評価委員や学校評議員、学校運営協議会があります。本校では、学校運営協議会で学校関係者評価を実施しています（詳細は、第2部第2章参照）。この実践を重ねていくことで、学校徴収金を減らしていく意義も共有することができ、意識も徐々に高まってきます。その結果、「公費に対する私費の割合が多いことは義務教育として問題がある」という問題提起をいただけるようにな

43

りました。

【引用・参考文献等】
●現代学校事務研究会（2014）『学校財務改革をめざした実践事例』学事出版
●事務だより研究会（2017）『増補改訂つくろう！ 事務だより』学事出版
●妹尾昌俊（2019）『学校事務"プロフェッショナル"の仕事術』学事出版
●栁澤靖明（2016）『本当の学校事務の話をしよう』太郎次郎社エディタス

第2部

教育政策を活用した
学校徴収金の減額方法

学校評価システムにのせた実践

　はじめに、第2部のねらいを確認しておきます。ここでは、教育政策を活用して学校徴収金を減らす取組を紹介します。第1部第2章のスピンオフでもあるため、若干重なる実践があります。第1部は学校財務を主体とした実践の見方、第2部は教育政策を主体とした理論的な見方という整理をしていただけたら幸いです。

1．学校評価と学校財務の現在

　まず、政策自体を整理しておきます。学校評価は、学校教育法[9]により規定されています。具体的な評価の方法として、**自己評価**と**学校関係者評価**が法令により定められ、前者は義務、後者は努力義務です。両者とも、実施した場合はその**結果を設置者に報告**します[10]。

　学校現場では、教職員や保護者などに対して実施するアンケート自体

9　第42条　小学校は、文部科学大臣の定めるところにより当該小学校の教育活動その他の学校運営の状況について評価を行い、その結果に基づき学校運営の改善を図るため必要な措置を講ずることにより、その教育水準の向上に努めなければならない。（第49条で中学校に準用）

10　第66条　小学校は、当該小学校の教育活動その他の学校運営の状況について、自ら評価を行い、その結果を公表するものとする。
　　2　前項の評価を行うに当たつては、小学校は、その実情に応じ、適切な項目を設定して行うものとする。
　第67条　小学校は、前条第一項の規定による評価の結果を踏まえた当該小学校の児童の保護者その他の当該小学校の関係者（当該小学校の職員を除く。）による評価を行い、その結果を公表するよう努めるものとする。
　第68条　小学校は、第六十六条第一項の規定による評価の結果及び前条の規定により評価を行つた場合はその結果を、当該小学校の設置者に報告するものとする。

を学校評価と呼んでいる場合が多いようです。大枠で考えれば間違いというわけではありませんが、それらは学校評価の一部であり全部ではありません。

そのため、ここでは自己評価のための教職員アンケート、保護者に対するものを自己評価のための保護者アンケートとします。

自己評価に続き、その客観性や透明性を高めるために学校関係者評価があり、両者のつながりを重視しなくてはなりません。以前は、学校評議員による学校関係者評価がほとんどでしたが、現在ではコミュニティ・スクールの普及により、学校運営協議会が担うケースも増えてきました。

続いて、学校財務と学校評価の関係を整理します。自己評価や学校関係者評価により、学校財務の領域がどのように評価されているのかを確認しておきます。――残念なことですが、学校財務の評価が学校評価制度によって評価されている実態は多くありません。第1部で述べたようにPDCA実践として置き換えたとき、計画に関する実践（Plan）は定着してきているようですが、評価に関する実践（Check）は広がりが薄いとされています（川崎雅和2012：p.103、末冨芳他2016：p.37、本多正人2015：p.3）。

2．学校評価制度の起こりと学校財務の立場

現状の課題を整理するために、制度の歴史を確認しておきます。

2002（平成14）年4月に施行された小学校（中学校）設置基準において、各学校は自己評価の実施とその結果の公表に努めることとされ、保護者等に対する情報提供についても積極的に行うことが求められました。

当時の評価項目は「学校の教育目標、教育課程、学習指導、生徒指導、進路指導等の教育活動の状況及び成果、校務分掌等の組織運営等」と例示されているのみで、学校財務に関することには触れられていませんでした。そのあと、2007（平成19）年の学校教育法改正により、学校評価が法制化されたことは前述の通りです。

　学校評価実践を支えるために、「学校評価ガイドライン」（以下、ガイドライン）も改訂を重ね、現在は〔平成28年度改訂〕が最新版となっています。そこには、学校評価による評価項目として学校財務の領域で触れるべき視点や、学校教育法[11]を根拠とし、保護者や地域住民に「学校運営の状況に関する情報」提供の具体的な例示も書かれています。

評価項目・指標等を検討する際の視点となる例
　　①学校の財務運営の状況（県費、市費など学校が管理する資金の予
　　　算執行に関する計画、執行・決算・監査の状況等）
提供する情報の例
　　②学校の財務（学校の予算執行状況、公金や学校徴収金の管理状況）

　このあたりを実践の根拠として、学校財務の情報を積極的に発信していき、学校評価によって学校財務領域も評価していくことが求められています。

　学校徴収金を減らしていく方向に周囲の意識を向けるためにも、学校財務の情報発信と振り返り（評価）は効果があります。

11　第43条 小学校は、当該小学校に関する保護者及び地域住民その他の関係者の理解を深めるとともに、これらの者との連携及び協力の推進に資するため、当該小学校の教育活動その他の学校運営の状況に関する情報を積極的に提供するものとする。（第49条で中学校に準用）

［第2部］　教育政策を活用した学校徴収金の減額方法

3．「学校評価ガイドライン」をベースにした評価のあり方

　学校評価を実施する目的は、ガイドラインに従い概要を整理すると、以下のようになります。

①教育活動や学校運営の**目標を設定**し、達成状況や取組の適切さを評価することにより、学校として**組織的・継続的な改善**を図る

②自己評価や学校関係者評価の実施と結果の**公表**等により、保護者等へ説明責任を果たすとともに、**連携協力**による学校づくりを進める

③設置者等が学校評価の結果に応じて、学校に対する支援や**条件整備等の改善措置**を講じることにより、**教育の質を保証**し、向上を図る

　学校評価は、学校運営を改善することにより、教育水準の向上を図るための手段です。学校財務も学校運営の一部であり、その改善により教育水準の向上にもつなげる必要があります。そのため、学校財務に対する評価も①〜③に沿った取組が求められます。また、学校財務を評価することによって、学校徴収金を減らしていくこと、他方で公費保障を拡充させていくことにもつなげることができます。

　前述した①〜③の目的を学校財務実践に置き換えてみます。学校徴収金を減らすためには、公費保障を拡充させる必要もあり、そのためには自治体への予算要求が欠かせません。そして、それを実のあるものにするためにも「**目標**」の設定と「**組織的・継続的な改善**」方策を練る必要があります。また、多額に膨れ上がっている学校徴収金の問題を学校だけにとどめずに、実態を「**公表**」し、保護者等と問題を共有して「**連携**

49

協力」体制をつくることも必要です。さらに、評価した結果を設置者に報告し、設置者はその結果に応じた「条件整備等の改善措置」を講じ、教育の質を保証していくため、特に予算を措置していくことが求められるでしょう。

このように、学校財務実践は学校評価制度と並走していくことでスパイラルアップしていきます。学校評価は、学校徴収金を減らすための公費拡充に向けた重要な取組として位置付けられます。

4．具体的な評価の実施方法と観点

それでは、自己評価と学校関係者評価を活用して、学校徴収金を減らしたり、公費を増やしたりする実践の具体を紹介していきます。ここでもガイドラインが道標となります。

まず、学校評価の項目に学校財務領域を追加することから始めます。そのための手段を紹介します。どんな学校でも、評価項目として〈学校保健・学校安全・学校給食〉はあると思います。そのため、同じく**学校運営を支える項目として〈学校財務〉の必要性**や、**〈文部科学省〉がつくったガイドラインにも書いてあることを強調する**ことで問題なく追加が認められるでしょう。

次は、自己評価の観点です。自己評価に関する目標の設定として「予算に関する計画」とのかかわり、具体的な評価項目として「学校の財務運営の状況」があります。そして、ガイドラインには注意点として、学校関係者評価につなげるためにも「保護者等が理解ができるように、いたずらに網羅的になったり詳細かつ高度に専門的な内容とならないよう留意する」と書かれています。

50

［第2部］　教育政策を活用した学校徴収金の減額方法

　自己評価のためのアンケートとして、わたしが設定している学校財務の項目で取り入れやすいものをいくつか紹介します。

教職員アンケート
　　①お金の管理や処理は適切に行っているか
　　②学校徴収金の軽減策を講じているか
　　③教材や活動の振り返り（効果の検証）は実施しているか
保護者アンケート
　　①教材費など、学校徴収金の軽減に努めているか
　　②学校指定品（制服やシューズ等）は、費用面・物品面で適切か

　小学校の場合、保護者アンケートでワークやドリルなど、具体的な補助教材に関する項目を設け、評価してもらうことも可能だと考えています。その理由は、宿題としてワークやドリルを使うことが多く、保護者も実際に見て内容や価格等を確認しているからです。

　アンケートを集計し、課題などが整理されたら自己評価（シート）の作成です。一般的に自己評価の完成は管理職が担当していると思います。そのため、事務職員は課題の整理や改善策の提案など、事前の段階でかかわっていくことが求められます。その段階でも学校関係者評価を視野に入れ、専門的な内容を避けることや、学校関係者が理解しやすい言葉で整理しておくことが重要です。

　学校関係者評価は、ガイドラインによれば「自己評価の客観性・透明性を高めるとともに、学校と関係者が現状と課題について共通理解を深めて、相互の連携を促し学校運営の改善への協力を促進すること」が目的です。この目的達成のためにも、自己評価のわかりやすさと同時に、

51

日々の情報提供や保護者アンケートの充実が重要となります。

5．評価結果の公表と改善措置の例

　自己評価と学校関係者評価が終了次第、法令に基づき、その結果を公表するとともに設置者にも報告します。

　自治体のなかには、その報告を根拠として施設設備や学校予算の策定など、教育条件の整備に活用した例もあります（福嶋尚子・佐々木織恵2017：p.70）。この例は、小規模な自治体にみられた傾向ですが、**評価の結果を報告することで、学校予算などにフィードバックされている事例**もあるのです。

　そのため、学校評価政策は、学校徴収金を減らすために活用できる教育政策のひとつといえるでしょう。重なりますが、学校評価制度にのって学校財務の評価をしっかり行い、その結果を自治体に示していくことが公費の拡充を促進し、学校徴収金を減らすための取組にもつながっていきます。

【引用・参考文献等】
●川崎雅和（2012）「決算の意義と方法」現代学校事務研究会『学校マネジメント研修テキスト3 学校財務』学事出版、pp.96-108
●末冨芳・田中真秀・内山絵美子（2016）「学校マネジメント調査の概要」末冨芳編『予算・財務で学校マネジメントが変わる』学事出版、pp.34-42
●福嶋尚子・佐々木織恵（2017）「教育条件を重視する学校評価の理論と制度―教職員、児童生徒・保護者一体の学校づくりの観点から―」『千葉工業大学研究報告64号』2017年、pp.65-72
●本多正人（2015）「まえがき」本多正人編『公立学校財務の制度・政策と実務』学事出版、pp.2-4
●文部科学省（2016）「学校評価ガイドライン【平成28年改訂】」

[第2部] 教育政策を活用した学校徴収金の減額方法

第2章 学校運営協議会で費用負担のあり方を議論

1．学校運営協議会と学校財務

　現在、学校運営協議会（以下、協議会）にかかわる事務職員の実践は少なく、担当者となっている割合も0.5％と低すぎる状態です（佐藤晴雄2016：p.173）。しかし、事務職員は学校運営において重要な学校財務の担当者です。その視点から考えれば、無関係ではいられません。

　それでは、学校財務の視点から協議会に事務職員が参画する意義と学校徴収金を減らすことを目的とした費用負担のあり方をどのように浸透させていくか、考えていきます。

2．学校運営協議会制度の起こり

　まず、ここでも政策自体の整理と制度の歴史を確認しておきます。1984（昭和59）年頃から「**開かれた学校づくり**」という考え方が臨時教育審議会で議論されるようになりました。そして、1986（昭和61）年には「学校は地域社会や父母・家庭に対してもっと開かれた学校運営を行うよう努力」[12]する必要性を指摘しました。そのあと、1998（平成10）年に中央教育審議会は「家庭や地域が連携協力して教育活動を展開するた

12　臨時教育審議会「初任者研修制度の創設、現職研修の体系化、適格性を欠く教師の排除」（第2次答申）1986年

めには、学校を開かれたものとする」「地域に開かれた学校づくりを推進するためには学校が保護者や地域住民の意向を把握し、反映するとともに、その協力を得て学校運営が行われるような仕組みを設けることが必要」[13]と答申し、2年後の2000（平成12）年から**学校評議員制度が導入**されました。

　2004（平成16）年、さらに中央教育審議会は「教育課程編成の基本方針、予算執行や人事配置等に関する基本方針等、当該学校の運営の大綱について、校長等の提案に基づいて承認を行うなど、学校における基本的な意思決定に関与する役割を果たすことが期待される」[14]とし、地域や保護者のニーズを学校に反映させるしくみ、**学校運営協議会制度**の導入を提言しました。そして、地方教育行政の組織及び運営に関する法律の改正により、協議会が法制化[15]されていきます。以下、現行法において、学校財務にかかわる可能性がある条文のみ概要を示します。

①**学校運営に関して、教育課程の編成その他教育委員会規則で定める事項について基本的な方針を作成し、学校運営協議会の承認を得なければならない**（第4項）。

②協議の結果に関する**情報を保護者や地域住民などに対して、積極的に提供**をするよう努める（第5項）。

③学校運営協議会は、**学校運営に関して教育委員会又は校長に対して意見を述べる**ことができる（第6項）。

13　中央教育審議会「今後の地方教育行政の在り方について（答申）」1998年
14　中央教育審議会「今後の学校の管理運営の在り方について（答申）」2004年
15　2004（平成16）年の改正で制度が新設され（第47条の5）、2017（平成29）年の改正により設置が努力義務となりました。（第47条の6）

[第2部] 教育政策を活用した学校徴収金の減額方法

　このように、協議会の機能として、学校運営に関する基本的な方針の**承認行為**と、教育委員会や校長に対して**意見を述べられる**こと、そして保護者や地域住民への**情報提供**があります。これらの機能は、学校財務とのかかわりを深めることができますし、その結果、学校徴収金を減らす目的にも到達します。具体的な実践は後半で述べます。

3．事務職員のかかわり方を整理

　まず、すべては協議会に参画することから始まります。はじめに述べた通り、現在ではまだ、事務職員のスタンダードな職務として位置付けられていない状態であり、実践も多くありません。しかし、事務職員を学校財務担当者として職指定し、専門的につかさどる領域として学校財務を定めている[16]自治体は多く、協議会を活用して学校徴収金を減らしていく実践と無関係ではないことを確認しておきます。

　冒頭で紹介した調査では「学校運営協議会の『承認』事項別の規定率」という調査項目があり、学校予算を規定している教育委員会の割合は59.9％となっています（佐藤晴雄2016：p.175）。しかし、「学校運営協議会の議事」として学校予算があげられている割合になると27.7％と半減し、「よく取り上げられている」割合は8.1％です（佐藤晴雄2016：p.185）。

　文部科学省（2016）が例示している「学校運営協議会規則の例」には、承認事項として学校予算を定めていることから、文部科学省は学校予算（財務）に関する協議の必要性を肯定していることがわかります。そのため、学校徴収金のことも話題にしていくことが自然の流れだと考えら

16　第1部第2章で紹介した「学校財務取扱要綱」などにより、事務職員を学校財務担当者として指定していることを示しています。

れます。しかし、その成果は必ずしもあがっておらず、目的を達成しているとはいえない状況です。

協議会と事務職員の関係を改めて整理すると、2つの課題をあげることができます。

第一に、**事務職員の参画が極少数であること**です（0.5％）。学校財務担当者として職指定された事務職員が参画していなければ、たとえ学校予算の議題があがったとしても、中身の薄い議論になることは容易に想像ができますし、話題にすらあがらない状況も考えられます。そうした場合、学校徴収金の問題にたどり着くことは困難でしょう。

第二は、**学校予算を議論している割合が少ないこと**です（8.1～27.7％）。ひとつ目の課題が解決されたあと、どのように学校財務の話題を充実させていくかというコーディネートが課題となります。

以上の課題が解決されると、すべての事務職員が職務として協議会に参画でき、学校財務の現状や課題を整理し、協議会メンバーとともに議論を重ねていくことができます。そして、教育活動の見えにくい部分（費用面）にも話題のスポットを当てることができ、学校徴収金の課題も共有が進んでいくと考えます。

その結果、住民目線からも**安易に住民（保護者）負担を増やすことは避けるべき**だという考えが浸透していくでしょう。

4. 学校運営協議会に参画するための近道

事務職員が協議会に参画するための近道として、前述した文部科学省の「学校運営協議会規則の例」を使います。そこには学校財務にかかわってくる内容が例示されています。

[第 2 部]　教育政策を活用した学校徴収金の減額方法

学校運営協議会で承認を得るべき事項

①学校予算の編成及び執行に関すること

学校運営協議会の役割

①学校運営の評価をする

②適切な合意形成を行うために必要な情報提供をする

　実際には、各自治体の規則に従うべきですが、文部科学省の例示した規則を踏襲している自治体は多いようです。承認を得るべき事項に「学校予算」が入っている時点で、その担当者が参画する必要性（必然性）を訴えることができます。また、前章で述べたように、評価（学校関係者評価）や情報提供に関しても事務職員がかかわるべき領域だといえるでしょう。

　次に、各々の自治体規則を確認します。前述したような規定があればスムーズに──、ない場合でも**〈文部科学省〉がつくった例示に書いてあることを紹介**しながら、少しずつ参画に向かっていくとよいです。

　もちろん、規定の有無を問わず参画の必要性が認められた場合は参画できますし、正式なメンバーにならなくても学校財務の説明はできます。むしろ、メンバーになることよりも説明をすることのほうが重要です。

5．学校財務の議論をコーディネートする

　第 1 部で紹介した「学校財務をつかさどる PDCA 実践」に、協議会（board）を主体とした PDCA サイクル（bP–bD–bC–bA）を組み込んでいきます。

　まず、全体像を示します。学校運営方針と同時に**予算編成方針**（bP）

57

の提案と承認、そのあと、予算執行計画（P）を校内に示します。続く、執行状況の共有と承認（D・bD）は、コンスタントに行います。そして、年度末評価（C）、**続いて学校関係者評価（bC）を経ると同時に翌年度への改善策（bA → A）を検討し、翌年度の予算編成方針（bP'）につなげ**るとよいでしょう。さらにごくかんたんに説明すれば、予算編成方針は校内に提示前、評価は校内に提示後というイメージで組み込みます。もちろん、予算＝公費と捉えるのではなく、学校徴収金まで含めた学校運営費と捉えます。

　以下、もう少し詳しく実践をたどっていきます。全体像をイメージしながら読み進めてください。

　予算編成を承認する時期は、前年度末です。しかし、まだ学校予算の令達はされていません。そのため、運営方針と相まった予算方針を提案し、協議を重ねながら承認してもらうことにとどめます。翌年度に向けた予算ヒアリングなどが実施される自治体では、要求した内容などを方針と合わせて提案するとよいでしょう。第1部で紹介した「学校財務計画」のように、全体計画や予算の概要、現状や課題などをレクチャーしておくと今後の提案がスムーズに流れると思います。例えば、公費と学校徴収金の関連性、学校運営費の多くは学校徴収金が占めている事実など、これらの状態や問題を地域住民の目線で考えるきっかけになると思います。

　新年度が始まり、予算が令達されたあと、その執行計画を校内で示し、協議会でも報告します。執行に関する状況報告は、教職員や保護者に報告している方法（わたしの場合は、学校財務だよりや保護者向け事務室だより）を転用してもよいと考えます。しかし、メンバーは学校関係者

［第２部］　教育政策を活用した学校徴収金の減額方法

よりも少し遠い状態にある地域住民も含まれます。専門的ではなく普遍性の高い説明を意識し、学校関係者以外でも理解しやすい工夫をすることが求められます。

　続いて、チェック機能としての学校関係者評価に移ります。自己評価の過程では、少しずつ学校財務に関する内容も扱われるようになってきましたが、学校関係者評価に進んでいる実践は少ないです。しかし、協議会をうまく利用することで、一連の流れにより学校財務の評価を実施することが可能です。

　そのために、しっかり自己評価を実施し、その結果を協議会で説明していくことが必要です。

　　　──■学校運営協議会における PDCA 実践資料【資料126ページ参照】

6．指導面と財務面、アンフェアからの脱却

　協議会の取組だけにいえることではありませんが、学校現場では財務面よりも指導面が重視され、指導計画中心で学校は運営されているように感じます。このアンフェアな状態から脱却し、フェアに扱われるようにならなければ、学校財務に関する議論も深まりませんし、学校徴収金を減らしていくこともできません。

　現在、想定される議題の形として３パターンあげてみます。

　①教育課程や授業改善などの指導面が中心
　②学校予算＝公費予算の編成方針や執行状況も議論
　③学校予算を学校運営費予算として捉え、学校徴収金の状況も議論

多くの協議会では、①が中心でしょう。改めて確認しますが、協議会の機能として、教育委員会へ意見を述べることができます。そのため、③の事例を増やしていき、地域住民を交えた議論を重ね、学校徴収金を減らすこと、公費の拡充を実現していくことが求められます。

また、「保護者の経済状況への配慮から、学校納入金の額やその使い道について再吟味する場を学校運営協議会で設けるなどし、それをきっかけに教育課程や授業の在り方、副教材選定等についての議論を導き、教育における私費負担を問い直す」(仲田康一2015：pp.266-267) ことも視野に入れ、事務職員もそこに参画していくことがあるべき姿だと考えます。

【引用・参考文献等】
●佐藤晴雄 (2016)『コミュニティ・スクール「地域とともにある学校づくり」の実現のために』エイデル研究所
●仲田康一 (2015)『コミュニティ・スクールのポリティクス』勁草書房
●文部科学省 (2016)「コミュニティ・スクールって何？」

第3部

各種学校徴収金の
特徴と減額方法

補助教材(学年)費、学級費の減額実践

1. 補助教材(学年)費、学級費の説明

　本章では、一般的に受益者負担の原則が適用されやすい〈ひとり1冊・ひとり1セット〉用意するドリルやワーク、作業キットや実習材料などにかかる費用を補助教材費[17]、〈ひとり○○円〉という根拠でかかる費用を学級費とし、それらを射程とします。前者と後者の違いは、お金を集めるタイミングです。

　①補助教材費は、購入する教材を指定してから費用を集金
　②学級費は、費用の集金が先行し、あとから購入した教材を提示

　現状を少し補足説明しておきます。
　補助教材費のお知らせは、学年だよりや学級だよりなどにより「漢字ドリル○○円、算数ワーク○○円」のようなケース、または年度当初に「補助教材費予算書」という形で年間計画が出されるケースがあります。前者は小学校に多く、後者は中学校に多いようです。費用を負担する保護者側からすれば、年間計画が示されている後者が望ましいと考えます。また、学級費も同様にどちらかの方法で「学級費○○円」と知らされま

17　学年で統一して集金するため、「学年費」としている場合も多い。

［第3部］ 各種学校徴収金の特徴と減額方法

す。しかし、購入するものが決まっていないにもかかわらず、集金が先行しているため、〈集金額を下げる〉ことが難しくなります。

さらに、学校徴収金のルールは、学年や学級によって違うこともあります。このような課題を解決させていくためにも、公費同様に学校徴収金もルールを定めていくことが必要です。事務職員には、学校としてのルール（要綱等）[18]を発案し、共通理解を図る取組が求められます。

2．学級費の問題点を示唆

最大の問題は、**集金が先行している**ことです。そのため、保護者は徴収される費用の根拠を示されない状態でお金を学校に預け、年度末に**執行された状態を追認する**ことしかできません。また、集金が先行することによって集金額が固定化され、費用額そのものの意義を検証しないまま集金が慣習化してしまい、それにより年度末に帳尻合わせをするための無駄遣い的な行為がはびこります。例えば、公費で購入できるような（すべき）消耗品等を購入していることが多くみられます。

多くの学校では、保護者による監査を実施していると思いますが、ほとんどは形式的に行われるだけです。しかも、その学級の保護者が実施する場合が多く、担任との関係からも完結している状態を追認するだけになります。誤解をおそれずにいえば、学級費は担任個人の信頼でお金を預かっていると勘違いさせてしまっているような反省もあります。

また、別に年度末の返金問題があります。ひとり5円の残金が出た場

---

18 「○○市立学校徴収金取扱要綱」などという名称で自治体が制定している場合もあります。学校が独自で制定する場合も含めて、そのねらいは金銭事故防止や事務処理の適正化だけではなく、学校徴収金の削減も規定することが重要です。

合、5円ずつ返金するには手間がかかります。手間はかかりますが、特に緊急性もないコピー用紙を100枚購入し、「紙代200円」（全体の残金：5円×40人）という領収証を業者に切ってもらい、返金を避ける行為には問題があります。さらに、全体の残金が40円を下回り35円であった場合、ひとりあたり1円も返金できないため、「紙代35円」というような残金と同額の支払いが実行され、ゼロ清算に持ち込むこともあります。

　この考え方は、必要なものを購入するのではなく、ゼロにしたいという目的のため、何かを購入するということです（むしろ必要なものは〈領収証〉という状態）。会計処理上は適正かもしれませんが、この清算行為は適正とはいえません。

3．学級費は減らすのではなく、廃止へ

　何度もいいますが、学級費は集金が先行しているため、その集金額の妥当性を担保しようと考えたとき、根拠となる情報は前年度の執行額しかありません。しかし、前述したようにゼロ清算が慣習であり、参考にするべきではありません。また、学級担任の意向で用途を決めることが多く、購入物品の妥当性に関する検証が校内においても難しく、費用負担者の保護者でさえも事後追認という状態です。これでは、透明性や客観性に欠けていると言わざるを得ません。

　以上のような理由により、**学級費を適正に扱うことは困難**です。そのため、**減額ではなく廃止の方向で検討していくべき**です。学級費から購入していて、真に必要なものであり、公費で購入することが難しいものであるなら、事前にそれらを指定して集金のお願いをするべきです。これは、補助教材費（学年費）に組み入れるイメージです。

[第3部]　各種学校徴収金の特徴と減額方法

　それでは、実際に学級費を廃止したときの取組を紹介します。第一に、学級費の年間執行状況を調べます。このことにより、学級費で購入している消耗品等の是非を総合的に検証し、今後の状態を3つに区分していくことができます。

　①公費で購入できるもの
　②現状では保護者の負担をお願いしなくてはならないもの
　③購入自体を止めるもの

　年度末のゼロ清算以外でも、公費で購入すべきものを〈学級で使うから〉という理由だけで学級費から購入していることも多いです[19]。このようにひとつずつ検証し、区分していくことでどうしても保護者負担で購入をお願いしなくてはならないもの（②）は残りませんでした。しかも公費で購入を継続していく必要があるもの（①）より、購入自体を止めるもの（③）のほうが多かったという結果です[20]。

　この取組により、学級費を廃止しました。しかし、担任からの反発はありません。それは、学級費を廃止にすることだけではなく、その先を見越した話し合いをしていたからです。担任としては、必要なものが用意されればよく、しかも自分で発注や買いに行く手間もなくなります。

―――――――――――――――――――

19　よくあるのは画用紙です。〈学級で使い、持ち帰る〉という論理で学級費から購入している事例を聞きます。また、事務職員側から〈公費が足りなくなりそう〉という理由で学級費から購入することを促している場合もあります。両者とも安易な判断をせず、学校運営費として総合的に分析・検討をしていくことが必要です。

20　学級費を廃止しようとしたとき、その分すべてを公費で保証しなくてはならないと考え、躊躇してしまう――という事例をよく聞きます。しかし、紹介した実例のように、ある程度は公費で保証することになりますが、そのすべてを公費で予算組みするような事態にはならないことが多いと思います。

おまけに、学級会計簿を管理する仕事からも解放され、業務改善にもつながったという好事例になりました。

4. 補助教材費も PDCA サイクルで管理

次に、補助教材費を検討します。補助教材費も年間を通して執行管理していく費用であり、第1部で説明したように PDCA サイクルを意識して管理するとよいでしょう。また、初めて補助教材費にかかわるときは、しっかりとした事前調査（Research）が重要になってきます。学級費のところでも書きましたが、何をどれだけ購入しているのかという情報をつかんでから予算編成にかかわると根拠がしっかりした提案になります。それでは、第1部同様に PDCA サイクルの各段階で学校徴収金を減らす実践のポイントを説明していきます。

◎予算編成の方法（Plan）

学校徴収金を実際に減らせるタイミングは予算編成のときがほとんど[21]です。当然ですが、集金額を決めるタイミングが予算編成だからです。

例えば、国語科の指導計画にある硬筆や書写の単元に対して、財務計画では硬筆練習帳やペン、半紙、硯、筆、下敷きなどの購入計画が立ちます。そして、硬筆練習帳の費用を公費で出せるのか、学校徴収金に頼るのか判断をします。〈硬筆練習帳は保護者負担〉というように、公費で

21　ほかのタイミングとしては、予算編成時に計上した費用を執行しない場合が考えられます。①公費の補正予算がついたので公費で購入することにした、②別の教材に変更したため安価となり公費で購入することができた、③その教材自体を使わない指導計画に変更した、などが考えられます。

［第3部］　各種学校徴収金の特徴と減額方法

出せるかどうかを検討せず、保護者負担とするようなことは避けなければなりません。

　予算編成は、事務職員が統括するべきです。まず、指導計画において使用予定の教材等[22]を各教科・学年・分掌等で話し合いながら選定してもらいます。それを集約し、年間使用頻度や購入数量、管理保管の方法などの観点で**授業担当者（指導計画主管者）と財務担当者（財務計画主管者）という対等な立場**による話し合いをして財源の区分を考えます。あくまでも指導計画と財務計画がフェアである必要があります。指導計画が先行している状態では適正な予算編成はできません。

　例えば、以下の観点で財務担当者が授業担当者に対して質問を投げかけると話し合いが深まっていくと考えます。

①この問題集は前年度と同じものだが、問題の量や難易度は適正か？
　似たような問題集で安価なものがあるが、違いはどこか？
②この教材はセットで購入する必要があるか？
　バラで購入するなら公費で予算を組むことも可能だがどうか？

　このような観点で予算編成に向けた話し合いを重ねていくなか、財務担当者である事務職員は、常に学校徴収金を減らす意識で臨むことが必要です。授業担当者と財務担当者、どちらかの一方的な決定ではなく、お互いが納得した結論に着地させるためにも話し合いは重要になります。その結果、保護者負担となってしまったものに関しても、学校として決定に至るまでの考え方をお互いが説明できるからです。

　22　この場合、教材や教具、消耗品や備品、校外活動、各種団体会費などの費目、さらに公費か学校徴収金かという財源の区分も問うことなく、すべてを内包して教材等とします。

◎執行の方法（Do）

　執行段階では、予算編成時に計上した教材を注文、納品、検品、支払いをしていきます。しかし、例外として予算編成時期と注文時期で価格に変動が生じないともいいきれません。予算編成をするときに年度末まで有効な見積書を徴収している場合は問題ありませんが、そうではない場合、発注前に価格の確認をすることや、再見積もりを依頼し、同等な条件でより安いものの有無を確認することができます。わたしの経験では、安くなることはあっても高くなることはありませんでした。

　本書は、学校徴収金を減らすための実践を紹介することが目的であるため、適正な執行や決裁の方法（栁澤靖明2015、2017）については説明を割愛します。

◎評価から改善を示す方法（Check → Action）

　まず、評価のために決算をします。収入と支出が確定され、すべて編成した予算通りに執行された場合、残高は0円になります。しかし、指導計画の変更により使用しなかった教材がある場合や、暫定額を集金していた校外活動費などは残高が生じます。学級費の部分でも指摘しましたが、補助教材費でもゼロ清算をめざしている学校が見受けられます。

　念を押しておきますが、学級費や補助教材費等は保護者から集めたお金です。公費が不足していることで、指導計画に支障をきたすことがないよう、やむを得ず集金しています。そのため、残高が生じているケースというのは、**余るという考え方ではなく、必要な分を使わせていただいた残り**であり、保護者に返金するべきお金です。ゼロ清算を規定している学校は、感覚や考え方の転換が必要であり、それは学校徴収金を減らす取組にも重要になってきます。

［第3部］ 各種学校徴収金の特徴と減額方法

　次に、わかりやすい決算書をつくる方法を紹介します。費用負担者である保護者が見てよくわからない決算書では、執行内容を理解することや意見を出すこともできませんし、結果として学校徴収金に興味も湧かなくなります。決算書は、領収証の金額に合わせてつくるものです。そのため、ひとりあたりの金額を記載するのではなく、総収入に対する総支出を記載します。これが原則です。

　しかし、**ひとりあたりの収支が記載されていたほうが保護者にはわかりやすい**です。そのため、わたしは両面で決算書をつくり、総額版と個別版（参考[23]）を提示しています。ほかにも、総額費用と個別費用を併記する方法もあります。

　また、保護者監査も重要になります。学校側は、監査担当の保護者に**〈ただ署名捺印してもらう〉だけではなく、〈支出項目に対する意見〉もいただけるような説明**をする責任があります。費用負担者である保護者の意見も参考にして（Action）、翌年度の補助教材費を予算編成（Plan'）していくことが求められます。

5．話し合いのポイント

　予算編成の方法（Plan）でも触れたように、授業担当者とどのような話し合いが必要なのか、わたしの経験から具体的な事例を紹介していきます。

　まず、多くの場合は保護者負担で購入することが前提とされてしまっ

23　参考としている理由は、ひとり〇〇円のように頭割りができないようなものを購入した場合、個別計算すると小数点以下を切り上げなくてはなりません。そのため、総額版と収支が一致しなくなります。このような状態を避けるためにも頭割りができないようなものから優先して公費で購入していく考え方もあります。

ている道具セット（算数セット、書写セット、絵の具セット、裁縫セット）についてです。一番なじみが深い算数セットを例にあげます。

算数セットは〈入学と同時に保護者負担で購入してもらう〉という**固定観念や学校的慣習**があるように思えます。しかし、公費で買い、貸し出す方法もありますし、セットで買わずに数え棒やブロックなどをバラで買う（公費・保護者負担）ことも考えられます。最近では、慣習を見直し、使用頻度の高いものだけをバラにして〈算数小セット〉を編成し、保護者に購入してもらう実践もあります。

このように、セット品をバラにするだけでも補助教材費は減らせます。さらに、それを公費で用意することができたら撤廃につながります。算数セットでいえば、使用頻度の高い計算カードなどは保護者負担をお願いしたとしても、時計などの管理しやすく耐久性があるものは公費で購入し、学校で管理していくということもできます。

もちろん、書写セットの筆や硯、裁縫セットの針やハサミなどでも同じことがいえます。そのため、**事務職員は固定観念や学校的慣習等を見直していくことのきっかけを提示することが必要です。**

また、各種道具のセットよりも、学校による管理が現実的なものとしては、辞書や資料集などが考えられます。小学校のように書き込みやマーカーをさせる辞典以外は、公費で購入して図書館に保管すればよいでしょう。資料集もひとりひとり買わせるのではなく、社会科資料集なら大型ディスプレイに別で用意した資料（「平等院鳳凰堂」の写真など）を映すような指導方法を取り入れたり、美術科で使うレタリング資料集は美術室で管理し、その単元のときだけ貸し出したりする方法でもよいと考えています。

授業担当者の負担や使い勝手の悪さなどが目立つようでは本末転倒で

すが、忘れ物を気にしなくてもよくなりストレスが減ったという話や、ディスプレイを見せることで顔が上がり表情の確認もできるようになったという話など、メリットのほうが目立ちます。

　ほかにも、技術科でよく使われる木工材料セットも、セットではなくバラで購入する方法があります。一枚板から自由に制作物をつくるような指導計画なら、板の費用は保護者負担をお願いしたとしても、釘やボンド、やすりなどは公費で購入できます。セット購入の場合は、公費で購入できる材料も自動的に保護者負担となってしまう場合があります。

　同じく技術科の栽培でも同じようなことがいえます。栽培セットを購入するのではなく、土と種とプランターを別々に購入することができ、そのほうが結果的に安くなることは多いです。かならずしもひとり1鉢で栽培する必要がなく、グループで育てるという指導計画もあります。また、電気実習材料としてラジオをつくることもあり、ダイナモラジオや電池式ラジオが選べます。指導すべき内容は同様ですが、電池式のほうが安いです。もちろん、ラジオではなくほかの教材を用いた指導計画を立てることも可能です。

　以上のように、その単元のねらいが達成できれば、補助教材は何を使い、どのように用意させても問題ありません。当然、使わなくてもよいのです。

　このように、〈授業で使う補助教材＝保護者の負担で購入〉という等号は見直していくべきです。

　大切なのは、**公費で用意できるかどうかを検討する**ことにあります。それは、授業担当者と財務担当者である事務職員がしっかり話し合うことが重要であり、事務職員がその第一歩を踏み出すことにかかっているといっても過言ではありません。

6．公費・私費負担区分から、公費保障へ

　最後に、公費で購入できるか否か——という制度的な問題について考えていきます。現在、「公費・私費負担区分」（以下、負担区分）を定めることにより、ある程度強制力をもって支出負担行為を監督している自治体が増えてきています。負担区分を策定するとき、設置者負担主義と受益者負担主義のどちらをベースにして考えるかにより、学校徴収金の問題には大きな差が生じます。

　前者は、設置者負担主義のもと**公費保障を原則とした負担区分となり歓迎**できますが、後者では受益者負担主義のもとで学校徴収金として補助教材費を固定化させてしまう危険性があります。そのため、前者の考え方にそった負担区分を自治体に要求していくことが必要です。

　例えば、道具セットのところで書いたように、学校現場には公費で購入できるかを検討せず、最初から保護者負担で購入するものという風習があり（浅川晃雄2006：p.92）、授業担当者の考え方で負担区分が変化していくという問題点があります。

　そのため、負担区分の理想は、**義務教育無償の理念から設置者負担主義を実現させ、現場の慣習を公費保障としていく機能**（栁澤靖明2017：p.1699）をもたせる必要があります。財源をどちらにするのかという負担区分ではなく、公費で保障していく範囲を明確にする機能があればよいのです。負担区分を定めることで公費保障の範囲も定まりますが、保護者負担の固定化も同時に進んでしまうという弊害があります。

　現状では、すべて公費で保証できるだけの予算が令達されているわけではありません。しかし、それを学校は容認していくだけではなく、教

［第3部］　各種学校徴収金の特徴と減額方法

育委員会を通して財政当局へ公費の充実を要請していくことも必要です。また、教育委員会も令達できる予算が少ないことを理由にして、保護者負担を黙認し、固定的に捉えていくのではなく、公費保障を可能にするための取組が必要です。

　そのためにも、財政当局に公費保障を規制させる方向で負担区分を策定していく必要があり、事務職員は学校と教育委員会を費用面でつなげる重要な役割を担っていくことが求められます。

【引用・参考文献等】
●浅川晃雄（2006）「Ⅲカリキュラム経営を支える財務事務」宮前貢・浅川晃雄・川崎雅和『カリキュラム経営を支える学校事務』学事出版、pp.85-159
●栁澤靖明（2015）「Q.13納品書や請求書、見積書はどのように保管しておけばよいですか？　Q.14会計簿への記入方法や望ましい日常のチェック体制について教えてください。」保護者負担金研究会『保護者負担金がよくわかる本』学事出版、pp.44-49
●栁澤靖明（2017）「財務に関する事務（第3章4節：保護者負担金）学校事務実務研究会・日本教育事務学会『―小・中学校― Q&A 学校事務実務必携』ぎょうせい、pp.1549-1767

校外活動・部活動費、各種会費の減額実践

1．校外活動・部活動費、各種会費の説明

　まず、第３部で学校給食費を省いている説明をしておきます。学校徴収金のなかでもおそらく一番高額ですが、昼食と考えれば費用は保護者負担でも仕方ない、と諦めているから扱っていないというわけではありません。

　省いた理由は、本書のテーマ「事務職員が学校現場で学校徴収金を減らす」ことに鑑みると、少し難しい現実があると考えたからです。わたしは理念として、**学校給食費も含めて憲法が要請している無償性の範囲内**だと考えています（栁澤靖明・福嶋尚子2019：pp.169-195）。

　それでは、別の費用をみていきます。校外活動とは、理科の授業で近くの公園まで歩いて草木の観察に行くことも校外活動ですが、費用が発生しないため、費用の検討が必要となる遠足や修学旅行、林間・臨海学校（以下、林間学校等）を検討したいと思います。

　特に、林間学校等は自治体が専用の施設を持っているかどうかで学校徴収金が大幅に変わります。施設がある場合、宿泊費は安価か無償の自治体が多いです。埼玉県川口市では施設使用料のほか、バス代も公費であり、小中学校ともに数千円程度で２泊３日の活動が可能になっています[24]。ほかにも、部活動費や生徒会費、PTA に関する費用を検討していきます。

[第3部] 各種学校徴収金の特徴と減額方法

2. 校外活動費の問題を示唆

　小中学校を問わず、遠足や社会科見学といった校外活動を実施しています。その費用負担は数百円から数千円です。安いから問題がないのではなく、しっかりとした目的を定めてから計画し、実行、そして振り返りをすることで学校徴収金を減らすことができます。

　第1部でも述べましたが、特に実施（Do）に対する評価が重要です。1年生は○○動物園、5年生は□□工場といったように毎年決まった場所に決まった行程で実施するのではなく、前年度の振り返りを考慮して行き先、さらには実施の有無も検討していく必要があります。

　校外活動のなかでも最大の費用を必要とするのが修学旅行です。遠足や社会科見学と違い、数万円が必要です。宿泊を伴う校外活動も本来は実施の有無から検討すべきですが、「修学旅行をやめた」というのはセンセーショナルに捉えられそうです。実際に、実施していない学校は知っていますが、実施していてやめた学校をわたしは知りません。しかし、**修学旅行がイベント化[25]していないかを検証する**必要はあると考えます。

　修学旅行の場合も学校徴収金を減らすパターンは、ほかの各種費用と大きな違いはありません。

　以下の4パターンが考えられます。

24　千葉県富津市に大貫海浜学園（小学校）、群馬県みなかみ町に水上少年自然の家（中学校）という施設があり、使用料や宿泊費を含めて公費で負担されています。保護者負担となっている費用は、現地の交通費や若干の雑貨費用と食事代（1食・学校給食費より若干高い程度）のみです。

25　以前、近隣の学校では高校入試が終了し、その結果が発表される合間に卒業旅行を実施しているところが多くありました。千葉県の浦安市にあるテーマパークへ行くので、ほぼほぼ卒業旅行です。引率者の入場料が本人負担であったこともあり、衰退し、消えたイベントです。

75

①修学旅行自体をやめる

②全額公費負担で実施する

③一部を公費で負担する

④旅行の費用を抑える

　学校徴収金を減らす（撤廃する）には、②が望ましいです。しかし、修学旅行自体の意義を問い直す意味では、①の検討も必要です。③のように一部を自治体が負担しているところもありますが、①〜③は極論的な提案であるため、ここでは④のパターンを検討したいと思います。

3．修学旅行費の詳細を検討

　卒業イベントのようになっている場合は、目的と行先を考え直すだけでも学校徴収金は大幅に減らすことができます。また、中学生で京都・奈良へ行くこと、班別行動でジャンボタクシーを使うことの是非などを検討することもできるでしょう。

　例えば、埼玉県川口市で多いジャンボタクシーの使用パターンです。ジャンボタクシーを1日貸し切ると40,000円くらいかかります。運転手がガイドを兼任し、安全性も高く効果的だ、という理由から評判は悪くありません。しかし、費用面に焦点を絞るとどうでしょうか。乗り合わせの人数にもよりますが、7人で乗ってもひとり6,000円くらい必要です。公共交通機関による移動と比べれば雲泥の差であることは明確です。ほかにも、班にひとつデジタルカメラや携帯電話をレンタルすれば、それ相応の費用はかかります。

　ジャンボタクシー代を公費で負担するというのは少し大きな提案にな

［第3部　各種学校徴収金の特徴と減額方法］

りますが、デジタルカメラや携帯電話ならレンタル費用を負担することができるでしょう。このように、前章で述べた〈授業で使う補助教材＝保護者の負担で購入〉と同様に、〈旅行費用＝保護者の負担で実施〉という固定観念も見直す必要があります。そして、事務職員は公費で用意可能なものと現状では難しいものを見極めながら、旅行の計画にかかわっていくことが求められます。

　本校の場合は、修学旅行のほかでも校外活動のたびにレンタルしていたデジタルカメラを学校で購入したり、しおりの印刷製本を学校で行ったり、ガイドブックを図書室用として公費で購入したりして、学校徴収金を減らす取組をしています[26]。

4．部活動と生徒会費の扱い

　まず、生徒会費と部活動費をわけて集金することが第一歩だと考えます。学校徴収金を減らす実践の前に、費用徴収の適正化が必要です。適正化により、学校徴収金を減らすことにもつながります。

　結論から述べれば、生徒会費を撤廃して生徒会（専門委員会を含む）で必要な費用は公費で予算化し、部活動費は必要な部が必要なだけ集金すればよいと考えます。これにより一律であった生徒会費の集金がなくなります。こうしたシステムをつくることで、〈生徒会＝全員・部活動≠全員〉というそもそもの理念が実質化できます。

26　ガイドブックは、旅行会社を通して購入すると旅行費用の一部として学校徴収金になってしまいますが、学校で購入して学校保管なら公費で購入できます。また、しおりも学校で印刷製本するなら当然公費でつくれますが、業者に注文すれば学校徴収金となってしまうことが多いです。少し手間はかかりますが、事務職員のかかわりにより費用負担の工夫等で学校徴収金を減らすことは可能です。

中学校学習指導要領によれば、「全生徒をもって組織する生徒会」と、「生徒の自主的、自発的な参加」とされている部活動の違いは明確です。また、部活動について学習指導要領の解説では、「スポーツや文化及び科学等に親しませ、学習意欲の向上や責任感、連帯感の涵養に資するもの」であり、「各教科等の目標及び内容との関係にも配慮」するとしています。運動部の場合は体育科との関係、文化部は音楽科や理科、美術科などとの関係が考えられます。さらに、費用面に着目すれば授業で使用する教材との関連を考えることができます。

　そのため、可能な範囲で部活動も公費による整備を進め、過重になっている保護者の負担を少しでも軽減していくことにつなげられます。すでに学校備品となっているものは、あえて部活動用として別扱いをしない（させない）理解も必要です。ラインカーなどは「サッカー・バスケ・陸上部共有備品」などと管理してもあまり意味がありません。

　地域のサッカークラブなどのように学校の施設を借りて活動している団体とはわけるべきですが、部活動は校内の組織です。「自主的、自発的な参加」とはされていますが、多くの学校で全員入部が推奨されています。そのため、授業用と兼用できるものは兼用し、費用負担を減らしていくことも必要です。

　しかし、部活動費、特に運動部は底なしに費用がかかる感覚があります。例えば、大会参加費や連盟会費など湯水のようにお金がかかる部活動もあります。中学生は、**中学校体育連盟の主催する大会のみに絞れば費用負担も減らすことができる**と考えます。サッカー協会やバスケットボール協会など、協会が主催する大会に参加するためには、登録料や参加費が必要です。

　登録料は1校10,000円程度だったり、個人登録費ひとり1,000円だっ

たり、試合球として指定された新しいボールが必要だったり、もちろん会場までの旅費も必要になります。

　事務職員として部活動費にどこまでかかわるべきか──、悩ましくもありますが、学校でかかっている費用として見て見ぬふりをするべきではないでしょう。試合のエントリーを選別したり、都道府県大会までに参加を限定したりすることも今後は検討する必要があるのではないかと考えています。実際に昔は、**文部省主導のもとで中学校の全国大会を経済的な負担などを考慮して実施しない時代があった**そうです（内田良2017：pp.48-49）。

5．専門委員会と生徒会費の扱い

　生徒会費を廃止し、専門委員会に必要な費用はすべて公費で保障すればよいと書きました。そこまで実践を進められないとしても学校徴収金を少しずつ減らしていくことは可能です。

　まず、生徒手帳代を生徒会費のなかで予算化します。多くの学校で身分証明証という要素を備えた生徒手帳をつくりますが、一般的にはドリルやワークを購入する費用と同じく補助教材費として、その購入費用を徴収している場合が多いです。それを生徒会費から支出することで、学校徴収金の総額が減ります。

　生徒会費の多くが部活動費に流れている学校は多いため、流れる前に必要経費として生徒手帳代を先取りしておく方法です。その分、部活動費として配当されるお金が減り、結局は部活動に対する集金が増えてしまうという無意味な行為として理解されてしまうおそれはありそうです。しかし、**一律に徴収していた生徒手帳代が補助教材費からなくなり、部**

活動費は必要に応じて集金されるため、**生徒手帳代がそのまま部活動費に加算されるわけではありません**[27]。

　また、専門委員会への配当に関しては、あてがいぶちに配当するのではなく、各種委員会の事業計画に伴った予算計画を提出させ、予算折衝の機会をつくるとよいです。自動的に予算は配当されるものと思わせるのではなく、**予算は要求しなければ配当されない**という意識をもたせることは教育的にも意義があると考えます。それにより、真に必要なものが選別され、公費で購入できるかどうかも検討することもできます。

　部活動費と専門委員会費、それ以外に予算化されているのが本部費です。本部の活動費という定義ではありますが、そのために生徒会費で購入する必要のないものが多数です。その多くは公費で購入できるものや、授業用で使う消耗品と同じものをあえて生徒会用として別に購入しているような状態だからです。部活動のところでも話題にしましたが、生徒会用として専用物品を別に用意するのではなく、授業用と共用できるものは共用することで生徒会活動に学校徴収金をあてない実践が可能になります[28]。

　財務担当者である事務職員がかかわることで生徒会費からの支出は最小限に抑えられ、公費による保障、逆にいえば学校徴収金の撤廃にもつながります。

27　補助教材費の予算に生徒手帳代と生徒会費が別々に計上されている状態から、生徒手帳代を計上しないで生徒会費の予算に計上します。生徒手帳代をどこから捻出することが正しいのかという議論もありますが、わたしは異動するたびにこの方法を提案しています。もっといえば、生徒手帳代を公費で負担するか、廃止することも選択できます。

28　生徒会本部の予算では、模造紙や色画用紙、マジックなどの消耗品を購入していることが多く、それを授業用と兼用します。このことで、本部費として計上していた予算はほとんど不要となります。また、まれに「入会金」を新入生に請求している事例もありますが、その意義はほとんどないと思いますので廃止したほうがよいです。わたしはよくそんな学校にあたります。年会費1,200円に対して、入会金50円は不明な財源です。

[第3部] 各種学校徴収金の特徴と減額方法

6. PTAとPTA会費の扱い

　PTAは任意団体であり、**強制加入や費用の強制徴収は問題**です。また、子どものためなら——と、学校でかかるお金を肩代わりしてしまうようなことも問題だと考えています。これらの問題、わたしは経験上、P（Parent）とT（Teacher）どちらの立場からでも言及できますが、ここでは事務職員の立場からPTA会費にかかわり、学校徴収金の一種とも考えられるPTA会費を減らしていく実践を紹介します。

　ポイントは以下の3点です。

　①お金のかからない活動をする
　②任意加入を定着させて、賛同してくれる家庭からのみ集金する
　③真に必要な活動を精選する

　①のように、極論ですが集金をなくし、学校側がPTAに費用面で頼ることがないような活動にシフトしていくことも考えられます。上部団体への負担金や広報活動、保険などの支払いに課題は残りますが解決できないことではないでしょう。②の場合、一定層の負担は減りますが、学校徴収金を減らすという目的としては少し弱くなります。

　そのため、③が現実的です。事務職員として、どこまで深くかかわるべきなのかこちらも難しいですが、PTA会費も活動を見直すことで減らすことはできます。

　まず、予算書などにより学校協力費のようなお金が学校に流れていないかを確認します。容易に発見できる場合と、説明を受けてもわかりづ

81

らい場合がありますので聞いてしまうほうが近道です。そのあと、領収証など、執行に関する根拠書類を見せてもらうと情報が収集できます。公費で購入できるものを PTA 会費（学校協力費）で購入している場合もあります。慣習で購入しているものや、現金を扱いたい場合に補填していることが多いです。

　ここから、真に必要な学校協力費のみを洗い出し（この表現は望ましくありませんが）、それ以外は公費で対応します。この作業により、学校協力費の何割かは減らすことが可能です。しかし、注意すべきことがあります。それは、PTA の行為は100％善意（子どものため）です。**指摘や改善の提案をするときには、言葉を選ぶことが大切であり**、信頼関係をつくっておくことが重要です。

　このように、前年度踏襲を改めるだけでも PTA 会費の支出は減ります。支出が減ることにより、会費を見直す必要性が生じ、普通は[29]PTA 会費自体が減っていきます。

　本校では、PTA 会費の改革と合わせて加入の問題も大幅に改善しました。現在では、無駄を削り予算を積み上げ方式に変更し、会費も毎年のように見直されています。その結果、ここ数年で会費が600円減額され、学校徴収金が減っています。

　29　「普通は」と書いた理由を小さく述べておきます。PTA 会費を変更する場合、総会による承認が必要です（まれに、そういう規定ではない組織もありますが、本来なら公表される資料に規定すべきです）。提案する側の負担を考えれば、その作業負担や精神的負担は大きいでしょう。そのため、「余ったから学校のために何かを買おう」という行動をとることが「普通」になってしまいます。正直、だれも損をしない Win-Win 状態なのです。そのため、事務職員として上手にコーディネートしていくことが求められます。

[第3部] 各種学校徴収金の特徴と減額方法

7. 卒業準備金（対策費）の扱い

　卒業準備金や卒業対策費（以下、卒業準備金）は、学級費と同じように減らすのではなく廃止に向けて検討するべきだと考えます。最短距離を走るなら保護者組織に集金をやめてもらえば、なくなります。この費用は、いわば〈思いやり〉に近いものです。廃止しても教育活動に大きな影響はありません。

　それくらい開き直ってもよい部分だと考えています。わたしもP（親）の立場で卒業準備委員を引き受け、お金のかからない取組にシフトさせました。

　しかし、これこそ前年度踏襲という大きな壁が立ちふさがります。基本的には単年度で任期を終える役員であり、引き継ぎノートがすべてとなる場合がほとんどです。しかも、積極的に引き受けるわたしのようなひとは少ないです。たいへんだったけど、卒業とともにその〈たいへん〉が美談として語り継がれていくのです。

　まず、卒業準備金の使途を確認します。その多くは、卒業記念品に充てられます。卒業生に学校から記念品を贈呈するのではなく、学校に卒業生が贈呈するという〈記念品〉です。ほかには、卒業を祝う会という茶話会の費用だったり、胸に付けるコサージュを購入したり、同窓会費が含まれていたりします。

　ここでも、集金をやめてしまえば解決、という極論以外で学校徴収金になり得る卒業準備金を減らす方法を紹介します。

　例えば、卒業記念品の対策を考えてみます。まず、費用徴収のあり方です。毎年、卒業生の人数は変動しますが、卒業記念品の予算は固定さ

83

れている場合があります。この状態ですと、卒業生の人数により卒業準備金が変動し、減ることもありますが、増えることもあります。そのため、卒業記念品に充てる費用は**固定化するべき**です。これにより、記念品に使える総額が毎年変動することになりますが、卒業生の人数によって個人負担が変わってしまうことは避けられます[30]。

　次に、卒業記念品となる物品自体にも触れておきます。あげる側は、もらう側がほしいものを買ってあげたいという気持ちはわかります。そのため、多くの場合は学校側が要望し、それが卒業記念品という箔のついた状態で学校に納品されます。例えば、掲示板や冷凍庫、テント、時計、パイプ椅子などを卒業記念品としていただきます。しかし、どれも公費で購入することが可能な備品ばかりです。

　ほかの使途を検討することは避けますが、少々ドライに茶話会の必要性、同窓会への希望入会を検討していくべきです。そして、真に必要なことは公費保障の観点で検討します。このように考えれば、前年度踏襲的に継続させるのではなく、廃止していくことも視野に入れられるでしょう。

【引用・参考文献等】
●内田良（2017）『ブラック部活動』東洋館出版
●栁澤靖明・福嶋尚子（2019）「学校給食は福祉か教育か」『隠れ教育費』太郎次郎社エディタス、pp. 169-196

30　「卒業記念品代＝○○万円」ではなく、「卒業記念品代＝ひとり□□円×卒業生の人数」とする意味です。

第4部

各種実践で使える
資料集

第1章 学校財務PDCA実践

1. Plan（学校財務計画）

■学校財務計画について

学校財務

年度初めの公費一括見積と教材費予算書、
昨年度の費用対効果検証から考える保護者負担金軽減。
——そして、学校財務年間計画について

川口市立小谷場中学校●事務主査 栁澤靖明

1.教材等の購入について

年度当初に年間で必要な物品（教材や副教材、消耗品、教材備品、管理備品など、年間指導計画等により必要と思われるすべての物品）の購入希望を取ります。教科等必要物品購入希望調査（①）・補助教材等購入希望調査（②）という2枚を配付いたしますので、以下の要領で要望を出してください。

教科等必要物品購入希望調査（①）——事務室で注文

○教科・領域・分掌ごとに提出してください。
　・教科等で話し合い、年間で使用が見込まれる消耗品や備品などを記入してください。
　・内容を集計して、数社に見積もりを依頼し、価格や条件等を考慮して発注します。
- - - - - - - - - - - - - -
　（①）はすべて公費で購入する物品です。消耗品はゴールデンウィーク前、備品は夏休み前の納品になります（急ぐ場合はその旨申し出てください）。

補助教材等購入希望調査（②）——事務室に提出後、各担当で注文

○ドリルやワークなどの補助教材を購入する教科の担当者が提出してください。
　・学年ごとに記入してください（ひとり3枚の人や、ひとり1枚の人が出てきます）。
　・必要なものを必要なだけ計上し、保護者負担金の軽減に努めてください。
○学年で計上が必要なものは、会計担当者が教科用とは別に提出してください。
　・校外学習費や生徒会費、卒業アルバムなどです。修学旅行費の計上は必要ありません。
- - - - - - - - - - - - - -
　補助教材（②）はすべて保護者負担金で購入する物品です。集約後、事務室で補助教材費の予算書を作成して保護者に配付します。

　なお、教材費と修学旅行費（8,000円×4回）は保護者が指定した青木信用金庫 or ゆうちょ銀行から引き落とします。第1回の引き落としが5月10日（木）です。そこから逆算して設定に要する日程を加えた結果、4月9日（火）が提出期限です。厳守でお願いいたします。

　①・②ともに、昨年度おこなった費用対効果の検証を踏まえて今年度の計画を立ててください。裏面に、「教材等費用対効果検証」報告書の概要を掲載しておきます。

[第4部] 各種実践で使える資料集

「教材等費用対効果検証」報告書（概要）

　以下は、報告書の概要（主に、次年度への引き継ぎ検証の結果で特筆すべき意見を抜粋したもの）です。詳細は、報告書をご覧ください。

【国語科】

　「漢字Wステップ」は、3年生の授業時数だとテストが多すぎてこなせない（72回）。そのため、漢字の回数を減らして、その分「古文のテスト」を導入してみたい。──とあったが、漢字テストとのバランス（実施時間と費用面、効果）を考慮して計上してほしい。

【社会科】

　資料集の検討をしたい。──とあった。社会科室は、資料等をテレビ投影できるように設備を整えている点や、授業者の負担を考慮して検討してほしい。

【保健体育科】

　備品の規格に注意して要求を出してほしい。また、運動会で使用する物品も早めに検討してほしい。検討事項には「中央から取ってくる系」（タイヤ・竹）の物品があった。

【英語科】

　「ニューペンマンシップ」（英習字教材）は、ほかの教材にも重なる部分があるため、次年度は見合わせることを検討したい。──とあった。

【数学科】

　「A4ノート」をB5へ変更するつもりで検討したい。──とあったので、「B5」へ変更する場合は、①の方に必要冊数を記入してほしい。

【学年で計上した物品等】

　全学年共通して、「実力テスト」の回数が多いという指摘があった。2年生は他校との比較効果が少ない（サンプルが少ないため）、3年生は「校長会テスト」や定期テスト、北辰テストとの関係を考えると実力テストは多すぎる。各学年ともに1回にしたいという評価があった。教職員アンケート（学校評価）にも、「実力テストの回数は要検討（校長会テストなどとの関係）」とあり、各学年主任も評価の段階で「1回」を選択していることを考慮して、検討してほしい。また、校外学習は実施の有無、場所ともに効果を検討してほしい。

────

　昨年度、公費で対応したものは基本的に今年度も公費で対応。

→　掲示用フォルダ（基本は持ち上がり）や、ひも付きピンチ、学級日誌など

→　もちろん、紙類はすべて公費で対応（毎年必要なものは購入済み）。

→　各教科で使うフラットファイルも購入済み（教科で固定の色あり）。

→　1年生用のグループ文房具セット必要なら①に記入して要求をしてほしい。

2.「学校財務」年間計画について（予定）

04月02日（職員会議）

・〈学校財務計画〉について提案
- → 消耗品、備品、補助教材（保護者負担教材）をまとめて調査

05月13日（職員会議）

・〈学校運営費予算〉について提案
- → 公費予算の執行計画、私費予算の提示
- → 「学校財務だより」で執行状況報告などを提示（以降、毎月）

10月25日（職員会議）

・〈学校財務中間ヒアリング〉について提案
- → 前期の学校運営費執行状況と、後期への展望
- → 教材等費用対効果検証へ向けて教科主任・学年主任とのヒアリング

12月02日（職員会議）

・〈「学校評価」教職員アンケート、保護者アンケート〉について提案
- → 全体の提案と合わせて学校財務の項目を検証する

01月08日（職員会議）

・〈「学校評価」教職員アンケートのまとめ、改善案〉について提案

02月03日（職員会議）

・〈教材等費用対効果検証シート〉について提案
- → 教材等に関する授業内有用性の検証をおこなう

03月02日（職員会議）

・〈学校財務総括と教材等費用対効果検証の報告〉について研修

職員会議の外にも──

・教職員、初任者、実習生に対する〈学校財務研修の実施〉
・家庭に向けた事務室だよりで〈学校財務〉に関する情報を発信（年3回）

［第４部］　各種実践で使える資料集

── 学校財務計画における教職員・保護者との関わりと実践の説明 ──

月	学校財務実践	教職員等の主体性				説明
		事務職員	教職員	（主任）	保護者	
04月	教材購入調査	○	○	◎		事務職員が調査書を配布し、教科主任を中心に年間必要教材等の要望をする。
	購入の見積もりと発注	◎				事務職員が相見積もりを実施して、教材等の発注をする。
05月	学校運営費予算書	◎	○	○		事務職員が予算書を作成し、職員会議で共有する。
	財務だより	◎	○			事務職員が月別の執行状況を職員会議で閲示する。
06月	財務だより	◎	○			事務職員が月別の執行状況を職員会議で閲示する。
07月	家庭向け事務室だより	◎			○	事務職員が作成し、保護者へ配付する。
	財務だより	◎	○			事務職員が月別の執行状況を職員会議で閲示する。
	財務研修	◎	○	○		事務職員が財務研修を教職員向けにおこなう。
09月	財務だより	◎	○			事務職員が月別の執行状況を職員会議で閲示する。
10月	家庭向け事務室だより	◎			○	事務職員が作成し、保護者へ配付する。
	財務ヒアリング	◎		◎		事務職員と各種主任（教科・学年）でヒアリングをおこなう。
	財務だより	◎	○			事務職員が月別の執行状況を職員会議で閲示する。
11月	学校評価・教職員アンケート	◎	◎			教職員アンケートの内容を検討して、実施する。
	学校評価・保護者アンケート	◎			◎	保護者アンケートの内容を検討して、実施する。
	財務だより	◎	○			事務職員が月別の執行状況を職員会議で閲示する。
12月	財務だより	◎	○			事務職員が月別の執行状況を職員会議で閲示する。
01月	学校評価まとめ・改善案	◎	◎		○	学校評価アンケートの結果を分析し改善案を提示する。
	財務だより	◎	○			事務職員が月別の執行状況を職員会議で閲示する。
02月	家庭向け事務室だより	◎			○	事務職員が作成し、保護者へ配付する。
	教材等費用対効果検証シート	○	○	◎		事務職員がシートを作成し、教科・学年主任を中心に検証をおこなう。
	財務だより	◎	○			事務職員が月別の執行状況を職員会議で閲示する。
03月	「教材等費用対効果検証」報告	◎	○	◎		事務職員がシートを分析して、報告書を作成する。
	財務だより	◎	○			事務職員が月別の執行状況を職員会議で閲示する。
	学校財務の総括	◎	◎	◎		事務職員が総括し、教職員向けに研修をおこなう。

■教科等必要物品購入希望調査

①

教科等必要物品購入希望調査

主任	担当	担当	担当

※ 提出期限は **4月9日（火）**

教科名等：

各教科等で相談し、上枠に合意のサインをして事務室まで提出してください。備品や消耗品等年間を通じて必要な物品を必要なだけ記入してください。
その後、事務室で集計して数社に見積もりを依頼し、購入していきます。備品に関しては、必要に応じて調整・相談する場をもつことがあります。

No	品　名	規　格・カタログ名	数	使用予定単元等	使　用　例	同等品の可否
例	記録タイマーカーボン紙	ケニスのカタログ102ページ 直径40mm　黒色　100枚組	1	共通 運動とエネルギー	力学台車にテープをセットし瞬間の速さの変化を調べる実験で使用する	×
1				共通		
2				共通		
3				共通		
4				共通		
5				共通		
6				共通		
7				共通		
8				共通		
9				共通		
10				共通		
11				共通		
12				共通		
13				共通		
14				共通		
15				共通		
16				共通		
17				共通		
18				共通		
19				共通		

※ ひとり1個（冊）購入する必要がない物品や公費で購入することが望ましいと思われる物品を記入してください。
※ 規格欄はなるべく詳しく記入するか、カタログのコピーを添付してくだい。
　　→　同等品が不可の場合はカタログのコピーを必ず添付してください。
※ 単元欄については、分かる範囲で記入してください。年間共通の場合は共通に○を付けてください。
　　→　事務室で内容を確認して代替品や工夫などを提案することがあるかもしれません。
※ 廃棄物品があり更新を希望の場合はその旨を分かるように記入してください。

[第４部]　各種実践で使える資料集

■補助教材等購入希望調査

②

補助教材等購入希望調査──事務室に提出後、各担当で注文

担 当

教科名等：　１年・２年・３年　教科（　　　　　　）

教材費（保護者負担分）として年度当初に予算計上が必要な補助教材を記入してください。

※　提出期限は**４月９日（火）**

教　材　名	出版社	注文数	単　価	使用時期	備　考

※　参考（去年度の「　１年生　」購入実績）

No.	教科等	補助教材等の名称	金額	No.	教科等	補助教材等の名称	金額
1	国　語	市文集「かわぐち」		26	学　年	生徒会費	
2	国　語	国語の学習		27	学　年	エゴグラム診断	
3	国　語	漢字Ｗステップ		28	学　年	フューチャー	
4	数　学	A4ノート		29	学　年	実力テスト①	
5	数　学	わかる数学1		30	学　年	実力テスト②	
6	理　科	理科の自主学習1		31			
7	社　会	A4ノート		32			
8	社　会	よくわかる社会の学習 地理1（ノート付）		33			
9	社　会	よくわかる社会の学習 歴史1（ノート付）		34			
10	英　語	フレンドノート（後期）		35			
11	英　語	英語のパートナー		36			
12	英　語	ニューリスニングプラス		37			
13	英　語	ペンマンシップ		38			
14	英　語	フレンドノート（前期）		39			
15	音　楽	合唱コンクール会場料		40			
16	保　体	新体力テスト		41			
17	保　体	保健学習ノート		42			
18	保　体	ハチマキ2本		43			
19	技　術	木工材料		44			
20	家　庭	A4ノート		45			
21	家　庭	壁掛けティッシュカバー		46			
22	家　庭	家庭科総合ノート		47			
23	学　年	入学記念写真		48			
24	学　年	スポーツ振興センター掛け金		49			
25	学　年	校外学習（乗車券）		50			

2．Plan（学校運営予算執行計画）

■学校運営予算について

2019（平成31）年度　学校運営費予算〈Plan〉について

川口市立小谷場中学校　事務主査　柳澤靖明

　　今年度の予算配当は、生徒数が増えたこともあり増額されています。また、教育振興費が学校管理費に統合され、予算が1本化されました（使い勝手が良くなったわけです）。
　　ほかには、印刷にかかる費用が増額しています。昨年、消耗品費から支出した分が「印刷機等借上料」に乗ってきた感じです。

年度	2017（H29）	2018（H30）	2019（H31）	増減
生徒数				
総予算				

学校管理費				増減
消耗品費				
食糧費				
印刷製本費				
備品修繕費				
飼料費				
ピアノ調律料				
洗濯代				
自動車等損害保険料				
電子複写機等借上料				
印刷機械等借上料				
校用器具費				
図書購入費				
クラブ活動備品購入				
教育振興費				増減
消耗品費				
印刷製本費				
教材備品購入費				
教材備品購入費（理科）				
消耗品費（研究）				
印刷製本費（研究）				
消耗品費（応援団）				
学校保健事業費				
消耗品費				
医薬材料費				
学校給食事業費				
消耗品費				
備品修繕料				
快適環境づくり運動事業費				
学校ファーム推進事業費				

[第4部　各種実践で使える資料集]

学校配当予算（公費）　　※川口市立学校（園）財務会計事務取扱要綱第4条に基づく「予算執行計画」

学校管理費 (学務課)	
消耗品費	校用器具費
印刷製本費	図書購入費
備品修繕費	損保保険料
ピアノ調律料	コピー借上料
洗濯代	印刷機借上料

教育振興費 (指導課)		
教材備品購入費		消耗品費 (研指)
〃　（理科）		印刷製本費 (〃)
消耗品費 (応援団)		

学校保健事業費 (保健課)	
消耗品費	医薬材料費

学校給食事業費 (保健課)	
消耗品費	備品修繕料

快適環境づくり運動事業

消耗品

再生紙	円	60万枚 A4@0.7円 他
画用紙 （色含）	円	2千枚 八つ切り色画用紙@7円 他
上質紙 （色含）	円	1万枚 A4@1.5円 他
その他の紙類	円	ラシャ紙@10円、板目表紙A4@13円他
清掃用具	円	自在ほうき、クレンザー、ゴミ袋、トイレットペーパー他
印刷消耗品	円	職員室カラーレーザートナー@15,000円 他
		職員室モノクロレーザートナー@4,000円 他
事務用品	円	文房具 他
事務参考用	円	埼玉新聞@2,983円、指導の重点努力点 他
保健消耗品	円	保健室医薬材料 他
給食消耗品	円	給食着@2,000円、手袋、ビニール袋、石鹸 他
生徒図書	円	目標
国語科	円	硬筆・書きぞめセット（手本、練習用紙）他
数学科	円	ノート 他
理科	円	実験用器具・薬品、植物、メダカ 他
社会科	円	ノート 他
英語科	円	タイマー 他
技術科	円	紙やすり、のこぎり、ニス、キリ 他
家庭科	円	食器、スポンジ、調味料 他
美術科	円	画用紙、アルミ針金、ボンド、ワックス 他
保健体育科	円	スポーツライン、バッティングティー、ボール 他
音楽科	円	クリアブック、合唱用CD、CD-R 他
総合	円	苗、種 他
応援団	円	ゴミ袋 他
行事用品	円	運動会 他
教室整備	円	掲示用フォルダ、整理用ボックス、文房具 他
共通教材	円	フラットファイル 他
予備費	円	指導計画の修正による補正用

借上料

コピー機	円	1ヵ月11,000枚×12ヵ月分@2円
印刷機	円	1ヵ月インク5本＆マスター2本×12ヵ月分

備品費

校務用	円	剪定トリミング機 他
技術科	円	ベルトサンダー（検討中）
美術科	円	絵画乾燥棚
体育科	円	ソフトボールベース、ハンドボールゴール、拡声器
理科	円	電子てんびん 他
共通教材	円	デジカメ、プリンターホッパー 他

学校ファーム推進事業

※ 修繕料は、随時執行
※ 損保保険料は、1,800円×2台分の自転車保険料
※ ピアノ調律はグランドピアノ3台分、洗濯代は布団や特別教室カーテン、印刷製本費は封筒購入

93

保護者負担の教材費等予算（私費）

1人当たりの単価

1学年

国語科	円	ドリル、ワーク、文集かわぐち
数学科	円	ワーク
理科	円	ワーク
社会科	円	ワーク
英語科	円	リスニング教材、学習ノート
音楽科	円	合唱コンクール会場代
美術科	円	
保健体育科	円	新体力テスト、ハチマキ2本、ワーク
家庭科	円	ワーク、ノート、ティッシュカバーケース
技術科	円	木工材料
校外学習費	円	イバライド交通費 他
学年	円	実力テスト1回、スポ振掛金、写真、生徒会費 生活ノート、エゴグラム2回

2学年

国語科	円	ドリル、ワーク、文集かわぐち
数学科	円	ワーク
理科	円	ワーク
社会科	円	ワーク
英語科	円	リスニング教材、学習ノート
音楽科	円	合唱コンクール会場代
美術科	円	時計セット、粘土
保健体育科	円	新体力テスト、ハチマキ1本
家庭科	円	調理実習材料
技術科	円	電気実習材料
校外学習費	円	水上自然教室（食材料費など）、川越（交通費など）
学年	円	実力テスト2回、スポ振掛金、写真、生徒会費 生活ノート、エゴグラム2回

3学年

国語科	円	ドリル、ワーク、文集かわぐち
数学科	円	ワーク
理科	円	ワーク、入試対策テスト
社会科	円	ワーク
英語科	円	ワーク、学習ノート、入試対策テスト
音楽科	円	合唱コンクール会場代
美術科	円	高麗石セット、切り絵セット
保健体育科	円	新体力テスト、ハチマキ1本
家庭科	円	
技術科	円	
校外学習費	円	
学年	円	実力テスト2回、スポ振掛金、生徒会費、進路ブック 写真、生活ノート、エゴグラム2回、校長会テスト3回
卒業アルバム	円	
修学旅行費	円	（積立）

学年共通

学校給食費	円	279円×180回（年度末調整あり）

[第4部] 各種実践で使える資料集

3．Do（執行状況提示）

■学校財務だより「学校のお金をはこぶ でんしょ鳩」

~ がっこう "財務" だより ~
学校のおかねをはこぶ でんしょ鳩 Vol. ②
2019年05月13日 小谷場中事務室発

――― 今年度も継続テーマ ―――

「振り返りを重視した PDCA」

――― 具体的な取組 ―――

1. 定期的な公費執行状況の共有と展望
   → 財務だよりで定期的に発信（継続）
2. 私費（保護者負担金）会計の見直し
   → 会計規定の見直し（H30年度・済）
3. 補助教材の扱いを統一
   → 繰越金の廃止（H27年度・済）
   → 購入物品の基本的なガイドライン（継続）

――― 財務運営の基本的な考慮の柱 ―――

① 現状把握と教育計画の長期的展望にもとづく整備計画および年次計画等を考慮。
② 各教科、分掌、領域からの要求をバランス・緩急・軽重の観点から検討。
③ 年間を見通した執行の計画化と適正な執行。
④ 保護者負担金の見解の統一と軽減。

1．紙の値段が高騰――

なんと、紙の値段がスゴく上がりました。
更紙のような（知っている人も減ってきましたね）キレイでもない紙にもかかわらず高騰です。

B5：1000 枚　418 円 → 550 円
A4：1000 枚　560 円 → 732 円
B4：1000 枚　834 円 → 1088 円
A3：1000 枚　1114 円 → 1470 円

1 枚あたりで計算したら 0.3 円程度かもしれません。しかし、小谷場中では年間何枚の紙が使用されると思いますか？
昨年度は 50 万枚も消費しました。

単純計算
50 万 × 0.3 円 = 15 万円

の増額を見込まなくてはなりません。
大切に使いましょう。

毎年、このタイミングで提示していた「学校運営予算」の執行計画書ですが、10連休があったためか教育委員会からの配当が遅れ、間に合いませんでした。
―― 近々、どこかのタイミングで提示します。

2．公費執行状況

予算残高等（05月13日現在）

分類	年度当初額	執行済額	残高	執行率
学校管理費・合計				
消耗品費				
印刷製本費				
備品修繕費				
ピアノ調律料				
光熱費				
自動車等借料				
電子複写機借上料				
印刷機借上料				
校用器具費				
図書経費				
講習等委託費				
消耗品（CS）				
負担費（CS）				
通信運搬費（CS）				
教育指導費・合計				
消耗品費（応援団）				
学校保健事業費・合計				
消耗品費				
学校給食事業費・合計				
消耗品費				
学校ファーム推進事業費				

項目別・教科別支出

（表）

執行状況（04月01日〜05月10日）

月	日	科目	品名	数量	単価	金額
5	16	学・消耗品費	インクカートリッジ（イントラ）			
5	16	学・消耗品費	インクカートリッジ（イントラ）			
5	15	学・消耗品費	指導者用デジタル教科書 地理Web配信版			
5	15	学・消耗品費	書ペン			
5	15	学・消耗品費	硬筆練習帳 横罫			
5	15	学・消耗品費	硬筆練習帳 縦罫			
5	15	学・消耗品費	硬筆手本１〜３年生			
5	10	学・消耗品費	植物染色剤 レッド 1L			
5	10	学・消耗品費	ビス 50本			
5	10	学・消耗品費	懸糸さじ 10本組 ろうそく			
5	10	学・消耗品費	蒸発皿（丸底）			
5	10	学・消耗品費	ガス検知管 二酸化炭素			
5	10	学・消耗品費	ガス検知管 酸素			
5	10	学・消耗品費	記録テープ 12mm 10巻			
5	10	学・消耗品費	実験用火山灰 阿蘇			
5	10	学・消耗品費	実験用火山灰 桜島			
5	10	学・消耗品費	リトマス試験紙 青			
5	10	学・消耗品費	塩化コバルト紙			
5	10	学・消耗品費	メダカの成体パック			
5	10	学・消耗品費	窒素ボンベ			
5	10	学・消耗品費	水素ボンベ			
5	10	学・消耗品費	二酸化マンガン（粒状）500g			
5	10	学・消耗品費	BTB溶液 500g			
5	10	学・消耗品費	塩化アンモニウム 500g			
5	10	学・消耗品費	塩化ナトリウム 500g			
5	10	学・消耗品費	エタノール 500ml			
5	8	学・消耗品費	アナログテスタ SP-18D			
5	8	学・消耗品費	無臭席ロウワックス 400g			
5	8	学・消耗品費	丸釘 32mm 4kg			
5	8	学・消耗品費	水性カラーニス 4L			
5	8	学・消耗品費	両刃のこぎり 210mm			
5	8	学・消耗品費	紙やすり 180			
5	8	学・消耗品費	紙やすり #120			
5	8	学・消耗品費	紙やすり #60			
5	8	学・消耗品費	高校受験案内 2020			
5	7	学・消耗品費	コリウス			
5	7	学・消耗品費	エンドレスペーパー 100*915mm			
5	7	学・消耗品費	刷毛 白毛 30mm			
5	7	学・消耗品費	酢酸カーミン 25ml			
5	7	学・消耗品費	和菓子ケース 100個			
5	7	学・消耗品費	タコ糸			
5	7	学・消耗品費	トナーリサイクル（事務室）			
5	7	学・消耗品費	トナーリサイクル（職員室・緑）			
5	7	学・消耗品費	アステージ NVボックス フタ			
5	7	学・消耗品費	アステージ NVボックス #13			
4	25	学・印刷機械等借	デュプロマスター 2本入			
4	25	学・印刷機械等借	デュプロ インキ 6個入			
4	25	学・消耗品費	ティーバッティング用ティー			
4	25	学・消耗品費	スポーツプリン			
4	25	学・消耗品費	再生紙 B5 500枚			
4	25	学・消耗品費	再生紙 A4 500枚			
4	25	学・消耗品費	再生紙 B4 500枚			
4	25	学・消耗品費	再生紙 A3 500枚			
4	25	学・消耗品費	四ツ目キリ			
4	25	学・消耗品費	まな板 HB-1535 パール金属			
4	25	学・消耗品費	スペアキー（理科室）			
4	25	学・消耗品費	スペアキー（理科室）			
4	25	学・消耗品費	竹ばさみ			
4	25	学・消耗品費	トナーカートリッジ			
4	25	学・消耗品費	ゴム印			
4	25	学・消耗品費	連結式掲示フォルダー A3			
4	25	学・消耗品費	連結式掲示フォルダー B4			
4	25	学・消耗品費	連結式掲示フォルダー A4			
4	25	学・消耗品費	拡大機ロール紙			
4	25	学・消耗品費	液体のり 3本			
4	25	学・消耗品費	ホッチキス 5個			
4	25	学・消耗品費	はさみ			
4	25	学・消耗品費	名札 5組入			
4	25	学・消耗品費	スティックのり 20個			
4	25	学・消耗品費	インクタンク 職員室			
4	25	学・消耗品費	互換インク 職員室・校長室			
4	25	学・消耗品費	アルカリ電池 単三形 40本			
4	25	学・消耗品費	マンガン乾電池 単一形 20本			
4	25	学・消耗品費	マンガン乾電池 単三形 20本			
4	25	学・消耗品費	ビニールテープ 若葉			
4	25	学・消耗品費	ビニールテープ 黄			
4	25	学・消耗品費	ビニールテープ オレンジ			
4	25	学・消耗品費	テプラ 24mm 白			
4	25	学・消耗品費	クレンザー			
4	25	学・消耗品費	整理用カゴ			

［第４部］　各種実践で使える資料集

４．Action（教職員・保護者アンケートの検証）

■各種アンケートの考察と改善案

教職員アンケート（7.財務）

41 教材費等の会計処理は、保護者の過重な負担を避け、適切に行われているか。

【評価】（④×15人、③×3人、②×0、①×0）〈前年度：④×9人、③×3人、②×0、①×0〉

〈考察＆改善策〉

　肯定的回答が増えてきているので、**構成メンバーが変化しても変わることのないベースを保つために**情報提供や発信、研修を継続していく必要がある。

42 生徒会費、部活動、その他現金の管理は適切に行われているか。

【評価】（④×13人、③×7人、②×0、①×0）〈前年度：④×7人、③×4人、②×1、①×0〉

〈考察＆改善策〉

　肯定的回答が増えてきているが、**継続的に現金管理**のあり方と方針(振込)を浸透させていく必要がある。

43 教材や備品、副教材など購入後に費用対効果や授業内容の観点から事後検証しているか。

【評価】（④×19人、③×1人、②×0、①×0）〈前年度：④×10人、③×2人、②×0、①×0〉

〈考察＆改善策〉

　ほぼ「良い」に集中してきた。年度末に実施している**「費用対効果検証」**の取組効果が出ている。

44 教具、清掃用具、備品、消耗品の過不足はなかったか。

【評価】（④×11人、③×7人、②×1、①×0）〈前年度：④×3人、③×8人、②×1、①×0〉

〈考察＆改善策〉

　「清掃担当」の領域で提示する。

※④良い、③やや良い、②やや劣る、①劣る

保護者アンケート（財務）

22 教材費など、保護者負担金の軽減に努めていると思いますか。

【評価】（④×37%、③×55%、②×7%、①×1%）〈前年度：④×45%、③×74%、②×10%、①×1%〉

〈考察＆改善策〉

　9割以上肯定的回答だが、この状態を継続していくためにも、引き続き軽減策に取組んでいく必要がある。

23 制服やシューズなど、学校指定品は適切（費用面・物品面）だと思いますか。

【評価】（④×29%、③×58%、②×11%、①×3%）〈前年度：新規〉

〈考察＆改善策〉

　肯定的な回答が多いが、「22」と合わせて保護者負担や指定の意義は考えていくべきである。特に、市内では**「上履き廃止」**が取組まれている。**費用負担等々含めて検討していく必要がある。**

5. Check―Action（財務総括として「費用対効果検証」の報告）

■「教材等費用対効果検証」報告書

「教材等費用対効果検証」報告書
―― 教材の授業内有用性評価と学校運営費（公費・私費）の振り返り

埼玉県川口市立小谷場中学校　事務主査・栁澤　靖明

0. はじめに

　教材等の費用対効果を検証する取組を始めて4年目となった。教職員アンケートでも振り返りができているという回答が多数を占めるようになり、年度末だけではなく授業単元毎に検証している声もある。これは、授業内有用性を検証する実践が定着してきたといえる現象だろう。

- 調査対象期間：2018（平成30）年04月01日～2019（平成31）年02月03日
- 調査対象項目：公費（学校負担）で購入した教材、私費（保護者負担）で購入した教材等
- 調査対象教科：国語・数学・理科・社会・英語・美術・技術・家庭・音楽・保健体育・総合

本調査のねらい

　教材とは、学校教育法によれば「教科用図書」と、それ「以外の図書」「その他の教材」としている（34条）。そして、「教科用図書以外の図書・その他の教材」は、「**有益適切なもの**」という指定がされている。そのため、一般にいうドリルやワークなどの補助教材にかんしては「**有益適切**」**かどうかの検証**が必要となってくる。地方教育行政の組織及び運営に関する法律で「学校における教科書以外の教材の使用について、あらかじめ、教育委員会に届け出させ、又は教育委員会の承認を受けさせることとする定を設けるもの」（33条）とし、自治体の学校管理規則で詳細を定めているのはこのためでもある。さらに、文部科学省も補助教材の使用は認めているが、「**保護者の経済的負担についても考慮**」することを通知している。

　このように、下線部等を学校現場で検証するために本調査を実施している。

1. 検証の観点

費用対効果検証欄	1：授業内において費用相応の効果が「得られた」と感じる
	2：費用の割には得られた効果が「低かった」と感じる
	3：どちらとも言えない
	4：費用対効果の検証にふさわしくない（書庫のカギなど）

↑
数字の参照表 →

引き継ぎ検証欄	1：次年度も購入したい
	2：次年度は購入を見合わせたい
	3：どちらとも言えない
	4：次年度も継続して使用する

[第4部] 各種実践で使える資料集

2.検証結果の報告とコメント

国語科	支出区分	品　名	購入数	単価	支払合計	費用対効果	引継ぎ検証
	公費	画仙紙 20枚組				1	1
	公費	書初手本3年				1	1
	公費	書初手本2年				1	1
	公費	書初手本1年				1	1
	公費	文法指導用黒板				1	4
	公費	中高生新聞（9月〜2月分）				2	2
	公費	電動鉛筆削り				1	1
	公費	書写ペン				1	1
	公費	硬筆練習帳 横罫				1	3
	公費	硬筆練習帳 縦罫				1	3
	公費	硬筆手本 3年				1	1
	公費	硬筆手本 2年				1	1
	公費	硬筆手本 1年				1	1
	公費	鉛筆 B 3ダース				1	2
	私費	市文集「かわぐち」				1	1
	私費	国語の学習				1	1
	私費	漢字Wステップ				1	1
	私費	市文集「かわぐち」				1	1
	私費	漢字Wステップノート・ドリル				1	1
	私費	国語の学習				1	1
	私費	市文集「かわぐち」				1	1
	私費	国語の学習				1	1
	私費	漢字のWステップ				1	2

私費		ひとり当たりの費用				公費	
1年生　　　　円		2年生　　　　円		3年生　　　　円			円

【評価の説明、評価者コメント】：振り返り

　画仙紙の購入量を以前より増やしているが、練習に対する授業時数確保に課題がある。「漢字Wステップ」は、3年生の授業時数だとテストが多すぎてこなせない（72回）。そのため、漢字の回数を減らして、その分「古文のテスト」を導入してみたい。

　「中高生新聞」を半年購読したが、想像より内容が薄かった。

【公費・私費の区分と保護者負担軽減、財務担当者コメント】：引き継ぎ

　画仙紙の量と授業時数との関係は整理して次年度の計画を立ててほしい。「古文のテスト」導入を検討したいとあるが、漢字テストとのバランス（実施時間と費用面、効果）を考慮して提案してほしい。「中高生新聞」は、現在購読中の「埼玉新聞」を図書教育にもスライドさせて、活用することを試行してみる。その効果により新たなジャーナルの導入を検討したい。

社会科	支出区分	品　　名	購入数	単価	支払合計	費用対効果	引継ぎ検証
	私費	A4ノート				1	1
	私費	よくわかる社会の学習 地理1				1	1
	私費	よくわかる社会の学習 歴史1				1	1
	私費	よくわかる社会の学習 地理2				1	1
	私費	よくわかる社会の学習 歴史2・3				1	1
	私費	ビジュアル公民				3	3
	私費	社会の学習 公民				1	1

私費		ひとり当たりの費用				公費
1年生　　　円		2年生　　　円		3年生　　　円		円

【評価の説明、評価者コメント】：振り返り

　資料集「ビジュアル公民」の扱いを検討したい。

【公費・私費の区分と保護者負担軽減、財務担当者コメント】：引き継ぎ

　「ビジュアル公民」以外から資料を提示することもあったようである。社会科室は、資料等をテレビ投影できるように設備を整えている点や、授業者の負担を考慮して検討してほしい。

音楽科	支出区分	品　　名	購入数	単価	支払合計	費用対効果	引継ぎ検証
	公費	CD-R 300枚				1	1
	公費	CD用不織布 100枚				1	1
	公費	コーラスフェスティバル合唱CD 23巻				1	1
	公費	コーラスフェスティバル（パート別） 23巻				1	1
	公費	クリアブック A4 タテ 10ポケット 10冊				1	1
	公費	クリアブック A4 タテ 10ポケット 30冊				1	1
	私費	合唱コンクール会場料				1	1
	私費	合唱コンクール会場料				1	1
	私費	合唱コンクール会場料				1	1

私費		ひとり当たりの費用				公費
1年生　　　円		2年生　　　円		3年生　　　円		円

【評価の説明、評価者コメント】：振り返り

　この状態を継続していきたい。ただ、リリアの会場料が値上がりする噂を聞いた。

【公費・私費の区分と保護者負担軽減、財務担当者コメント】：引き継ぎ

　値上がりの件、リリアに問い合わせたところ「消費税アップに対する程度」と回答をもらった。ただ、合唱コンクール（学校行事）の会場料が私費である問題は継続して課題にあげたい。

[第4部]　各種実践で使える資料集

	支出区分	品　名	購入数	単価	支払合計	費用対効果	引継ぎ検証
保健体育科	公費	学校体育ソフトボール3号				1	1
	公費	ストップウォッチプリンター				1	4
	公費	ウォーキングメジャー				1	4
	公費	パウダーボックス				2	4
	公費	手ぬぐい				1	4
	公費	体育必携				1	1
	公費	プール用コースロープ				1	4
	公費	耐水紙 LBP-WPF12MDP				1	4
	公費	ジョイント人工芝				1	4
	公費	タンブリン7インチ				3	4
	公費	グランドレーキ ひのき				1	4
	公費	トラロープ100m♯12				1	4
	公費	コンテナカゴ				1	1
	公費	手ぬぐい				1	3
	公費	紙雷管ハーフ				1	3
	公費	競技用紙雷管				1	3
	私費	新体力テスト				1	1
	私費	保健学習ノート				1	1
	私費	ハチマキ2本				1	1
	私費	新体力テスト				1	1
	私費	ハチマキ				1	1
	私費	新体力テスト				1	1
	私費	ハチマキ				1	1

私費	ひとり当たりの費用			公費	
1年生　　　円	2年生　　　円	3年生　　　円			円

【評価の説明、評価者コメント】：振り返り

「パウダーボックス」の効果は、規格が違ったため〈ただの箱〉としてしか使えなかった。タンブリンは、使う人と使わない人（グローブの代わり）がいたので曖昧な評価をした。

　手ぬぐい（ムカデ競争用）は、来年度の運動会でどんな競技を入れるかにより引き継ぎ状態は変わってくる。継続案件である〈中央から取ってくる競技〉を「タイヤ」なのか「竹」なのか検討したい。

【公費・私費の区分と保護者負担軽減、財務担当者コメント】：引き継ぎ

　念のため申し添えておくが、財務担当者として現状のラインカーと「パウダーボックス」の規格が適合しているかどうかまでは確認できない（安いものではないのでしっかり確認してほしい）。

　運動会関係の物品は、実施要項提案の時期まで検討は難しいかもしれないが可能な限り年間計画の一部として要求をあげてほしい。財務担当者としては、〈水泳〉の費用対効果が疑問でならない（おそらく、授業のコマ単価として最大の費用がかかっているだろう）。

101

理科	支出区分	品　名	購入数	単価	支払合計	費用対効果	引継ぎ検証
	公費	レモン				1	1
	公費	大根				1	1
	公費	三温糖 1kg				1	1
	公費	ブロッコリー				1	1
	公費	力学台車				1	4
	公費	双眼実体顕微鏡				3	4
	公費	簡易検流計				1	4
	公費	メスシリンダー 50ml				1	4
	公費	メダカのエサ 150g				1	1
	公費	玉ねぎ				1	1
	公費	ぞうきん 10枚				1	4
	公費	リトマス紙 赤 300枚				1	4
	公費	ろ紙 110mm				1	4
	公費	ビーカー 300ml 6本組				1	4
	公費	試験管立て				1	4
	公費	三温糖				1	4
	公費	カラーラベルシール 丸 8mm				1	4
	公費	カラーラベルシール 丸 16mm				1	4
	公費	親子丼用アルミ鍋				1	4
	公費	リトマス紙 赤 300枚				1	4
	公費	メダカのエサ 150g				1	1
	公費	丸形水槽 Φ300*150mm				1	4
	公費	精製水 500ml				1	4
	私費	理科の自主学習1				1	1
	私費	理科の完全学習（ノート付）				1	1
	私費	理科の学習（ノート付）				1	1
	私費	埼玉ベスト16 理科				1	1

私費		ひとり当たりの費用				公費	
1年生	円	2年生	円	3年生	円		円

技術科	支出区分	品　名	購入数	単価	支払合計	費用対効果	引継ぎ検証
	公費	四ツ目キリ 中				1	1
	公費	つやだしニス 4L				1	1
	公費	両刃のこぎり 210mm				1	1
	公費	紙やすり ＃120				1	1
	私費	木工材料				1	1
	私費	電気材料				1	1

私費		ひとり当たりの費用				公費	
1年生	円	2年生	円	3年生	円		円

[第4部]　各種実践で使える資料集

英語科	支出区分	品　名	購入数	単価	支払合計	費用対効果	引継ぎ検証
	公費	ポインター 90cm				3	3
	公費	タイマー TD-384 5個				1	4
	公費	英語発音図				3	3
	私費	フレンドノート（後期）				3	1
	私費	英語のパートナー				1	1
	私費	ニューリスニングプラス				1	1
	私費	ペンマンシップ				3	2
	私費	フレンドノート（前期）				1	1
	私費	英語のパートナー				3	3
	私費	ニューリスニングプラス				3	3
	私費	フレンドノート（前期）				1	1
	私費	フレンドノート（後期）				1	1
	私費	エンジョイワーク				1	1
	私費	入試リスニング				1	1
	私費	スタディノート前期				1	1
	私費	ニュースタディノート 後期				1	1
	私費	埼玉そっくり4 英語				1	1

私費		ひとり当たりの費用			公費	
1年生	円	2年生	円	3年生	円	円

【評価の説明、評価者コメント】：振り返り

　激しい担当者の入れ替わりで、効果が検証できない教材もある。「ニューペンマンシップ」（英習字教材）は、ほかの教材にも重なる部分があるため、翌年度は見合わせることを検討したい。

【公費・私費の区分と保護者負担軽減、財務担当者コメント】：引き継ぎ

　私費負担教材が多くなる教科ではある。しかし、「3.どちらとも言えない」と評価している教材も多いため、別の教材を検討するのか、購入を見合わせるのか引き続き検討してほしい。

「私費」

教科等	ひとりあたりの金額			総額		
	1年	2年	3年	1年	2年	3年
国語科						
社会科						
理科						
英語科						
数学科						
美術科						
技術科						
保健体育科						
家庭科						
音楽科						
総合						
学年						
合計						

決算表

103

	支出区分	品　　名	購入数	単価	支払合計	費用対効果	引継ぎ検証
保健	公費	湿布				1	1
	公費	ムヒS				1	4
	公費	ホカロン ミニ 10P				2	4
	公費	RDテスト 50回分				1	1
	公費	RDテスト 50回分				1	1
	公費	滅菌パット 8枚				1	4
	公費	包帯				1	4
	公費	テイパック 6枚4袋				1	4
	公費	首元アイスノン				1	4
	公費	刺抜きピンセット				1	4
	公費	温度計				1	1
	公費	熱中症警告温湿度計				1	4
	公費	少年写真保健ニュース（年間）				1	1

私費	ひとり当たりの費用			公費
1年生　　円	2年生　　円	3年生　　円		円

	支出区分	品　　名	購入数	単価	支払合計	費用対効果	引継ぎ検証
数学科	公費	ジャイアントトランプ				1	4
	公費	電卓				1	4
	私費	A4ノート				3	3
	私費	わかる数学1				3	3
	私費	A4ノート				3	3
	私費	わかる数学2				3	3
	私費	数学の学習				1　3	3
	私費	A4ノート				3	3

私費	ひとり当たりの費用			公費
1年生　　円	2年生　　円	3年生　　円		円

【評価の説明、評価者コメント】：振り返り

　「夏休みのワーク」を今年度から廃止し、費用をかけない方法で宿題を出した。しかし、授業者の負担が増えたというわけではないため継続したい。継続案件であった「A4 ノート」の扱いは、次年度安価である「B5」に変更するつもりで検討したい。

【公費・私費の区分と保護者負担軽減、財務担当者コメント】：引き継ぎ

　「夏休みワーク」を購入しない＝私費が減る＝◎、だけではなく授業者の負担も考慮しながら検討を要求したが、私費負担減と授業者負担増のバランスも取れていたようで安心した。
　ノートに関しては「B5」を選択するなら公費で購入することを検討したい。

[第4部] 各種実践で使える資料集

美術科	支出区分	品　名	購入数	単価	支払合計	費用対効果	引継ぎ検証
	公費	プラ板 0.4mm				3	3
	公費	電動糸鋸 No.1				1	1
	公費	60色 おりがみ 60枚				3	2
	公費	てん刻プラバイス 100*52*5.0mm				1	4
	公費	糸鋸の台				1	4
	公費	角棒（杉）30*30*900mm				1	1
	公費	マキタ充電式クリーナー				2	4
	公費	ハンディーワイパー				1	4
	公費	ハンディーワイパー（スペア）				1	4
	公費	ＳＳ水彩画用紙（四つ切り）				1	1
	公費	ＳＳ両面画用紙（ブルー）				1	1
	公費	ＳＳ両面画用紙（クラフト）				1	1
	公費	ハンディーワイーパー				1	1
	公費	ハサミ（左利き）				1	4
	公費	ハケ 50mm 10本組				2	4
	公費	アルミ針金 2.0				1	1
	公費	電動糸鋸替刃 No.1				1	1
	公費	ボンド 500g				1	1
	公費	エンドレスベルト 3枚組 ♯120				1	1
	公費	木工用ボンド速乾 20g*2個 10個				1	4
	公費	フリーザーバック 透明 50枚				1	4
	公費	カッターハイパー AL型 193B				1	4
	公費	カッターハイパー AL型 193B 5本				1	4
	公費	ガーゼ 30*30 4折				1	1
	公費	NVボックスふた				1	1
	公費	NVボックス				1	1
	公費	無臭ミツロウワックス 400g				1	1
	公費	紙やすり ♯120.180.320				1	1
	公費	てん刻刀 平刃 4mm				1	1
	公費	ウッドシート 5色				1	1
	私費	時計セット				1	1
	私費	高麗石（ハンコ作成用）				1	1

私費		ひとり当たりの費用				公費	
1年生　　　円		2年生　　　円		3年生　　　円			円

【評価の説明、評価者コメント】：振り返り

　糸鋸の替刃を始め、年度当初の予定より多く必要になったものが多い（生徒の状態等を含めて）。篆刻刀は人数分そろっているが、継続して使用するには安物では厳しいかもしれない。

【公費・私費の区分と保護者負担軽減、財務担当者コメント】：引き継ぎ

　消耗品に関しては、できるだけ年間を通して年度当初に要求を出してほしいが、「生徒の状態」とあるように、年度内でも状況に応じて対応はしていきたい。

総合

支出区分	品　名	購入数	単価	支払合計	費用対効果	引継ぎ検証
公費	黒ゴマ 115g				1	1
公費	付箋 75*75 30冊				1	4
公費	さつまいも 切苗 50本				1	1
公費	クリアブック A4 タテ 10ポケット 10冊				1	4
公費	クリアブック A4 タテ 10ポケット 30冊				1	4

私費	ひとり当たりの費用		公費
1年生　　　円	2年生　　　円	3年生　　　円	円

家庭科

支出区分	品　名	購入数	単価	支払合計	費用対効果	引継ぎ検証
公費	きな粉 150g				1	3
公費	みかん缶				1	3
公費	こしあん 800g				1	3
公費	白玉粉 200g				1	3
公費	出汁用かつお節				1	1
公費	粉末寒天 40g				1	3
公費	干し椎茸 50g				1	1
公費	乾燥昆布				1	1
公費	米5kg				1	3
公費	上白等 1kg				1	1
公費	穀物酢 900ml				1	1
公費	料理酒 1L				1	1
公費	サラダ油 600g				1	1
公費	ミシン修繕				1	1
公費	オリーブオイル 400g				1	1
公費	ごま油 200g				1	3
公費	マヨネーズ 450g				1	3
公費	ガラス飛散防止シート				1	4
公費	角かご				1	4
公費	カードケース A3 20枚				1	4
公費	耐熱抗菌まな板 LL				1	1
公費	パイプマン 2L				1	1
公費	食器 Nボウル（5個組）　小				1	4
公費	食器 Nボウル（5個組）　中				1	4
私費	A4ノート				1	4
私費	壁掛けティッシュカバー				1	1
私費	家庭科総合ノート				1	1
私費	調理実習費①				1	1
私費	調理実習費②				1	1

私費	ひとり当たりの費用		公費
1年生　　　円	2年生　　　円	3年生　　　円	円

［第４部］　各種実践で使える資料集

学年	支出区分	品　名	購入数	単価	支払合計	費用対効果	引継ぎ検証
		1学年					
	公費	ボックスファイル A4				1	1
	公費	文房具セット（のり・はさみ・テープ等）				1	1
	私費	校外学習費（東京方面）				1	3
	私費	実力テスト（2回分）				3	2
		2学年					
	公費	ボックスファイル A4				1	1
	私費	水上自然教室				1	1
	私費	校外学習費（上野方面）					
	私費	実力テスト（3回分）				3	2
		3学年					
	私費	進路ノート（キャリアガイド）				1	1
	私費	校長会テスト（3回分）				1	1
	私費	実力テスト（3回分）				3	3
	私費	卒業アルバム				＊	＊
		各学年共通					
	公費	タテヨコ連結フォルダー				1	1
	公費	学級日誌				1	1
	公費	ひも付きピンチ				1	1
	私費	スポーツ振興センター掛け金				1	1
	私費	生徒会費				1	1
	私費	エゴグラム				1	1
	私費	学級写真				1	1
	私費	生活ノート（フューチャー）				1	1

私費		ひとり当たりの費用				公費	
1年生	円	2年生	円	3年生	円		円

【評価の説明、評価者コメント】：振り返り

　全学年共通して、今年度回数を増やした「実力テスト」が多いという指摘があった。2年生は他校との比較効果が少ない（サンプルが少ないため）、3年生は「校長会テスト」や定期テスト、北辰テストとの関係を考えると実力テスト3回は多すぎる。各学年ともに1回にしたいという評価であった。また、校外学習は実施の有無、場所ともに毎年検討が必要だろう。

【公費・私費の区分と保護者負担軽減、財務担当者コメント】：引き継ぎ

　教職員アンケート（学校評価）にも、「実力テストの回数は要検討（校長会テストなどとの関係）」とあり、各学年主任も評価の段階で「1回」を選択していることを考慮して翌年度計画を立てる必要がある。財務担当者としては、生徒会費の意義を再検討したい。

第2章 学校財務評価PDCA実践

1. Plan に対する評価（中間ヒアリング）

■学校財務中間ヒアリングについて

学校財務 中間ヒアリングについて

川口市立小谷場中学校　事務主査　栁澤靖明

1. 目的

・前期指導計画の実行に対する財務面を評価する（予算の評価）。
・学校評価、教材等費用対効果の検証に向けて財務面の課題を共有する。
・後期指導計画の実行に対する財務面の補正をおこなう。

2. 方法

●今月末 <u>（10/31）</u> までに

→ 　「教材等費用対効果検証シート」を持参し、事務室まで来てください。

●基本的に、**教科主任・学年主任**を対象とします。

→ 　内容により前後しますが、10〜15分程度の時間を確保してください。

<u>ヒアリングのポイント</u>

●学校評価、教材等費用対効果の検証方法を説明します。

●前期に使用した教材等の「振り返り」をヒアリングします。

→ 　要望した教材等が届いたか、使用感はどうだったか

●後期に向けて、新たに必要な教材等の補正をヒアリングします。

→ 　私費の補正はできないため、公費で支出可能なものを検討

——ポイントをいくつかあげましたが、お金のことを担当者と話し合う機会だと思っていただければよいです。日頃感じていること、考えていることなど遠慮なくお話しください。

[第4部]　各種実践で使える資料集

2．Doに対する評価（教材等費用対効果検証）

■「教材等費用対効果検証シート」の作成について

「教材等費用対効果検証シート」の作成について

川口市立小谷場中学校　事務主査　栁澤靖明

1. 目的

　学校評価（自己評価のための教職員アンケート）において、「学校財務」に関する総論的評価は実施しているが、さらに、教材等に関する各論的評価を各教科・領域等で実施し、授業で使用した効果（授業内有用性（費用対効果））を振り返る。
　そして、その検証結果を教育活動の財務面として次年度へ引き継ぐ。

2. 実施の根拠

　教材とは、学校教育法によれば「教科用図書」と、それ「以外の図書」「その他の教材」としている（34条）。そして、<u>「教科用図書以外の図書・その他の教材」</u>は、<u>「有益適切なもの」</u>という指定がされている。そのため、一般にいうドリルやワークなどの補助教材に関しては<u>「有益適切」かどうかの検証が必要</u>となってくる。

　文部科学省も補助教材の使用は認めているが、<u>「保護者の経済的負担についても考慮」</u>することを通知している。

3. 方法

　●教科で1枚提出してください（学年をまたぐ教材や共通教材は相談して決めてください）

<u>**費用対効果検証欄**</u>

　●授業内で費用相当の効果が得られた（有用だった）かという観点で評価してください。

　　③「どちらとも言えない」パターン（効果は感じたが検討が必要など）

　　　ex. 1) 私費でワークを購入したが問題量が多くてすべて終わらなかった

　　　ex. 2) 私費でひとり1つ購入をしたが、公費でグループにひとつで足りた

　　　ex. 3) 私費でノートを購入したが、半分以上余ってしまった

<u>**引き継ぎ検証欄**</u>

　●同じものを買う（1）か、変えるか（2）、そのまま使う（4）かという観点です。

　　　ex.「ワークの使い方を考え直して、次年度も同じものを購入したい」（1）

　　　ex.「もう少し薄いワークを検討してみたい」（3）

　　　ex.「できなかった部分を次学年でおこなうため継続使用」（4）

　　　ex.「次年度も購入したいが、費用的に悩んでいる」（3）

　　　ex.「違うワーク等を検討する」（2）

　　──など、評価の選択を明確に説明することはなかなか難しいです。
　最初に書いたように、

　　　①授業で十分活用できたかどうか、
　　　②次年度への引き継ぎはどう考えるか

　という大きな観点でおこなっていただき、翌年度へ繋げていきたいと考えています。

109

教材等費用対効果検証シート

教科名	記入方法
数　学	・以下の要領に従って "○" を付けてください。 　教育効果の検証ではなく、授業における教材の効果を検証（授業内有用性）。 　教科部会等を活用して話し合い、教科ごとに提出してください。 　特記事項はコメント欄に記入してください（「3」を選択した場合は**必ず**記入）。

ヒアリング期限：02月14日（木）

費用対効果 検証欄	1：授業内において費用相応の効果が「得られた」と感じる 2：費用の割には得られた効果が「低かった」と感じる 3：どちらとも言えない 4：費用対効果の検証にふさわしくない（書庫のカギなど）	引き継ぎ 検証欄	1：次年度も購入したい 2：次年度は購入を見合わせたい 3：どちらとも言えない 4：次年度も継続して使用する

No	支出 の別	品名	数量	単価	金額	費用対効果検証欄				引き継ぎ検証欄				コメント
1	公費	ジャイアントトランプ	2			1	2	3	4	1	2	3	4	
2	公費	電卓	13			1	2	3	4	1	2	3	4	
3	私費	A4ノート	94			1	2	3	4	1	2	3	4	
4	私費	わかる数学1	94			1	2	3	4	1	2	3	4	
5	私費	A4ノート	70			1	2	3	4	1	2	3	4	
6	私費	わかる数学2	70			1	2	3	4	1	2	3	4	
7	私費	数学の学習	69			1	2	3	4	1	2	3	4	
8	私費	A4ノート	69			1	2	3	4	1	2	3	4	
9														
10														
11														
12														
13														
14														
15														

教材等費用対効果検証シート

教科名	記入方法
技　術	・以下の要領に従って "○" を付けてください。 　教育効果の検証ではなく、授業における教材の効果を検証（授業内有用性）。 　教科部会等を活用して話し合い、教科ごとに提出してください。 　特記事項はコメント欄に記入してください（「3」を選択した場合は**必ず**記入）。

ヒアリング期限：02月14日（木）

費用対効果 検証欄	1：授業内において費用相応の効果が「得られた」と感じる 2：費用の割には得られた効果が「低かった」と感じる 3：どちらとも言えない 4：費用対効果の検証にふさわしくない（書庫のカギなど）	引き継ぎ 検証欄	1：次年度も購入したい 2：次年度は購入を見合わせたい 3：どちらとも言えない 4：次年度も継続して使用する

No	支出 の別	品名	数量	単価	金額	費用対効果検証欄				引き継ぎ検証欄				コメント
1	公費	四ツ目キリ 中	10			1	2	3	4	1	2	3	4	
2	公費	つやだしニス 4L	1			1	2	3	4	1	2	3	4	
3	公費	両刃のこぎり 210mm	10			1	2	3	4	1	2	3	4	
4	公費	紙やすり ＃120	50			1	2	3	4	1	2	3	4	
5	私費	木工材料	94			1	2	3	4	1	2	3	4	
6	私費	電気材料	70			1	2	3	4	1	2	3	4	
7														
8														
9														
10														
11														
12														
13														
14														
15														

[第 4 部]　各種実践で使える資料集

3．Check に対する評価（学校関係者評価）

□第 3 章　4．「学校運営協議会 PDCA」の Check を参照

第3章 PDCAの土台（Base）

1．校内学校財務研修資料

■学校財務を学ぶ

学校財務を学ぶ

1.これまでの研修経過

2016（平成27）年「子どもの学習権と教育費」
　　　——なぜ、保護者負担金を減らすべきなのか子どもたちを取り巻く学習環境を考える
　　　　・学校事務機能と教育費の現状
　　　　・就学援助制度の実態と運用、事例研修
2017（平成28）年「学校経営の費用面を保証する学校財務実践」
　　　——教育費格差による教育格差の現状と、打開策としての就学支援方策
　　　　・学校財務の理論
　　　　・教育格差の実態、就学支援制度の状態
2018（平成29）年「教育活動にかかる公費と私費を考えよう！」
　　　——教育の目的を達成させるため、財務領域が担うべきこと
　　　　・教育活動と学校財務のかかわり
　　　　・教育費と就学援助制度にかんする演習

2.今年度の内容

2019（令和元）年
「学校財務研修の小括」
　　　・研修の効果と成果、実践を振り返る
　　　　→　学校財務のP—D—C—A
　　　・学校経営の財政面を担う学校財務
　　　　→　教育活動と学校財務、就学援助のかかわりと実態を学ぶ
　　　・学校運営費予算提案
　　　　→　令達予算と小谷場中の執行計画

・・・・・・・・・・・・・・・・・・・・・・・・・・・・・・・・・・ キリトリ ・・・・・・・・・・・・・・・・・・・・・・・・・・・・・・・・・・

今後の参考にしたいと思います。感想や意見、質問などを記入してください（質問には可能な限り回答いたします）。

分かりづらかった部分や説明不足と感じたところ／一番印象に残ったところ／自分自身で見つかった課題

よかったら名前＿＿＿＿＿＿＿＿＿＿

■学校経営の財政面を担う学校財務

学校経営の財政面を担う学校財務
―― 教育の目的を達成させるため、財務領域が担うべきこと

埼玉県川口市立小谷場中学校　事務主査・栁澤　靖明

0. 研修のねらい

(1) 学校財務（私費に依存する公立学校の問題など）について考えるきっかけとする
(2) 子どもの学習権を守り、就学を保障するための制度（就学援助制度など）を理解する

1. 教育費を考える――ミクロからマクロまで

(1) 私費負担（保護者が負担するお金）を把握しよう

今年度の各種予算総額を並べてみました。線で結んでみましょう。

　　　　　　　　　　　　　　　　　　　　　　　　□　点
　　　　　　　　　　　　　　　　　　　　　　（配点：各12.5点）

　　　学校給食費　　　・　　　　・　　63万円
　　　各学年合算教材費　・　　　・　　47万円
　　　修学旅行費　　　・　　　　・　　30万円
　　　ＰＴＡ会費　　　・　　　　・　　29万円
　　　生徒会費　　　　・　　　　・　　74万円
　　　後援会費　　　　・　　　　・　　441万円
　　　林間学校費　　　・　　　　・　　532万円
　　　卒業アルバム　　・　　　　・　　1,245万円

(2) 学校運営に使えるお金を把握しよう

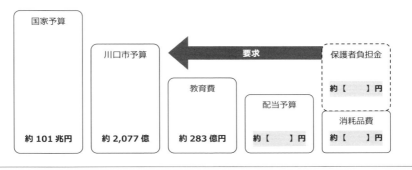

(3) 学校財務計画の位置を確認しよう

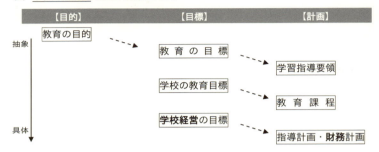

(4) そもそも公教育における保護者負担金は適法か、確認しよう

　日本国憲法の第26条第2項「すべて国民は、法律の定めるところにより、その保護する子女に普通教育を受けさせる義務を負ふ。義務教育は、これを無償とする」、この後段に書かれている「義務教育は、これを無償とする」の意味をほんの少しだけ確認しておきましょう。

<small>　まず、無償の範囲を解釈する代表的な学説は2つあります。
　「修学費無償説」 は、その経費は必要最小限にとどめるべきだけど、修学に必要な経費（授業料、教材費、学校給食費など）のすべてを無償にするべきなんだという説もあります。
　「授業料無償説」 は、最高裁判所がとっている立場であり、文字通り無償の範囲を授業料に限定して理解するもの、という説です。
　かつて検討されていた説として、**「無償範囲法定説」**（プログラム規定説）という説もあります。無償の範囲はそのときの国の財政事情等に応じて、別に法律をもって具体化されるものなんだという説ですが、現在では肯定する論者は少ないです。
　最高裁判所が3つめの「授業料無償説」という立場をとった判例もごくかんたんに紹介しておきます。教科書が無償ではなかった時代に、教科書代を保護者が負担するのは「義務教育は、これを無償とする」という憲法規定に違反すると裁判を起こした人がいます。そして、最高裁判所が下した判決が、「国が義務教育を提供するにつき有償としないこと、換言すれば、普通教育を受けさせるにつき、その対価を徴収しないことを定めたもの」という内容であり、無償の範囲は授業料とすることが相当であるというものでした。
　しかし、判決文には続きもあり、「もとより、憲法はすべての国民に対しその保護する子女をして普通教育を受けさせることを義務として強制しているのであるから、国が保護者の教科書等の費用の負担についても、これをできるだけ軽減するよう配慮、努力することは望ましいところではあるが、それは、国の財政等の事情を考慮して立法政策の問題として解決すべき事柄であつて、憲法の前記法条の規定するところではないというべきである」とも主張しているのです。</small>

　──興味がある人だけ虫眼鏡で読むか、柳澤と雑談しましょう。

(5) 補助教材費の推移を確認しよう

学年年度別データ							
	1年生		2年生		3年生		年度計
	予算	決算	予算	決算	予算	決算	予算	決算
2015（H27）年度								
2016（H28）年度								
2017（H29）年度								
2018（H30）年度								
2019（H31）年度								

　39期生（2015入学-2017卒業）の3年間を合算すると予算ベースで87,200円です。そして、40期生（2016-2018）は同じく81,200円、41期生（2017-2019）では72,000円と減少しています。

［第4部］　各種実践で使える資料集

2. 就学援助制度を考える——子どもの貧困問題解決に向けて

（1）就学援助制度で補助される費用を考えよう

◆川口市が全額援助しているだろうと思う項目に「○」を付けてください。

◆全額ではないが川口市が一部を援助していると思う項目に「△」を付けてください。

◆川口市では援助の対象としていないと思う項目に「×」を付けてください。

【　】学校給食	【　】修学旅行
【　】鉛筆やノート	【　】漢字ドリル
【　】通学に使用する靴	【　】遠足
【　】算数セット	【　】制服（ブレザー等）
【　】ランドセルや通学カバン	【　】むし歯の治療
【　】柔道着	【　】朝読書用の本
【　】生徒会費	【　】卒業アルバム
【　】かぜ薬	【　】テニスラケット

整理した基準があれば書いてください

（2）家庭の年収がテストの正答率に影響している問題を考えよう

家庭の年収が高ければ高いほど、学力テストの点数も比例して上がっています。

2013（平成25）年度　全国学力テストにおける世帯年収と平均正答率（単位％）

家庭の年収＼教科	小学校6年生				中学校3年生			
	国語A	国語B	算数A	算数B	国語A	国語B	数学A	数学B
200万円未満	53.0	39.0	67.2	45.7	69.1	58.6	51.5	30.0
200～300万円未満	56.8	42.7	70.4	50.8	71.2	60.9	55.2	33.1
300～400万円未満	58.4	45.0	73.6	53.3	73.9	63.4	58.4	35.5
400～500万円未満	60.6	47.0	75.1	56.2	74.8	65.2	60.6	37.9
500～600万円未満	62.7	48.8	77.6	57.9	76.6	67.6	63.6	40.4
600～700万円未満	64.8	52.5	80.1	61.3	77.6	69.2	66.6	43.5
700～800万円未満	64.9	52.4	79.7	62.2	78.7	70.9	68.6	46.6
800～900万円未満	69.6	57.6	83.2	66.0	79.7	71.8	69.6	48.1
900～1000万円未満	69.3	55.1	82.7	66.4	80.9	73.3	71.6	49.9
1000～1200万円未満	69.6	55.5	83.9	67.9	81.8	73.9	72.8	52.6
1200～1500万円未満	70.8	59.4	84.5	67.1	83.0	75.8	75.1	54.7
1500万円以上	75.5	61.5	85.6	71.5	81.5	75.9	73.4	53.4

※文部科学省委託研究（お茶の水女子大学、2014年）

(3) 子どもの貧困解消対策としての就学援助制度を考えよう

就学援助制度を利用している家庭は年々増えています。小谷場中でも8人に1人は利用しています（全体の13%程度）。

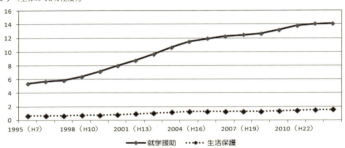

○認定された場合の年間援助額は、「**学校給食費の実費≒50,000円**」

　　　＋1年生の場合 ≒ 【　　　　】円（学用品費＋新入学学用品費）

　　　＋2年生の場合 ≒ 【　　　　】円（学用品費＋水上食事代）

　　　＋3年生の場合 ≒ 【　　　　】円（学用品費＋修学旅行費）

(4) 就学援助認定までの過程を考えよう

基本的にはマイナンバーで所得を確認して判定されます。しかし、特殊な事例において特殊な調査や特殊な相談、特殊な添付書類などにより認定されるケースもあります。

＜ケース1＞「**前年度所得だけが基準ではありません**」

急に家庭の状況が変わって収入が減った場合など、その時点の状況が説明できれば認定になる場合は多いです。たとえば、退職や離婚の事実を証明する理由書などを申請書と一緒に添付することで認められる場合が多いです。

＜ケース2＞「**諸般の事情から証明書がとれません**」

原則は、所得申告が必要ですが、事情によりほかの書類で対応できることもあります。たとえば、「学校長の意見書」で認定される場合もあります。

[第4部] 各種実践で使える資料集

■校内研修アンケート返答（職員向け事務室だより）

~ 職員向け 事務室だより ~
でんしょ鳩 Vol.141
2018年08月21日 小谷場中事務室 発

8月号 紀行文のように

――おかげさまで遠出することが多く、紀行文のような1面が続いています。

あれから、札幌～静岡～和歌山と行ってきました。静岡は三島市の教育研究会。事務職員と一緒に校長・教頭先生も参加されていました。前号でも書きましたが、他職種に語りかけられるチャンスはうれしいです。日帰りのため、「静岡おでん」を堪能できなかったのは残念でした。

後半も、埼玉～岡山～千葉と回ります。ちゃんと遊びも行ってます。今年は、キャンプを始めて以来初！ 3泊に挑戦しました。ちょっと長いかな――、と心配でしたがイイ感じにリラックスできました♪

さて、今月号は校内研修のアンケートを紹介します。匿名が維持できるモノだけ掲載し、回答しました。ほかは個別にお話しします。

アンケート①
毎回たのしく聞いています。個人的な解釈ですが、「公費を減らさない活動」という視点もあると思っています。
モノを壊さない――など、当たり前に指導してきたことも、突き詰めると「財務」にも良い影響を与えることが分かりました。

・「毎回楽しく」聞いてくれているとのこと、たいへんうれしいです。「減らさない活動」、現状維持という視点も必要ですが、やはり（現状では維持できない状態）になっていると思います。増額は必須でしょう。
書いていただいたように、財務は教育活動の土台になります。土台を意識した指導もよろしくお願いいたします。

アンケート②
（演習をしてみて）保護者が負担している額が、このくらいだとは思いませんでした。また、教育にかかっている経費、それぞれの金額を全く知らなかったです。

・なかなかこういった情報に触れることは少ないですよね。だからこそ、財務研修は必要だと思っています。

アンケート③
学校財務についてキチンと理解し、負担を「負わす側」と「負う側」の両面で考えていきたい。

・そうですね。「負う側」の体験をしてみるとよくわかると思います。わたしも小学生の子どもがいますし、PTAの「会計監査」も担当しています。そのため、学校にツッコミを入れたくなることも多いです（笑）。
学校で集めているお金は「払っている人がいる『他人のお金』」という意識で扱うことが必要です。つねに、その感覚で判断しましょう。

アンケート④
保護者負担金 2,356万円÷小谷場の生徒数で1人あたりの負担ってことですよね？

・はい！ そのとおりです。そう考えるとひとり毎年10万円かかっているんですよね。しかも、学校や市教委が引き落としているお金以外にも部活動や日々の学校生活で必要なモノを買うお金もかかります。

事務室 やなぎさわ

~ 職員向け 事務室だより ~
でんしょ鳩 Vol.129
2017年08月21日 小谷場中 事務室 発

8月号 リフレッシュしていますが？

キャンプに行ってきました。キャンプとは言っても、お風呂はキレイで、生ビールも飲めて、洗濯機や乾燥機、電子レンジまであります。さらに、去年からピザハウスができてスパゲッティも売っています。さらにさらに、Wi-Fiまで完備されていました。もう旅館と変わらない超高規格（笑）。

仕事もしてきました。千葉県の木更津市での講演でしたが、豚カツが有名らしく、ヒレカツ定食をいただきました。とても美味しかったです。

右は校内研修の質問に対する回答です

アンケート①
貧困の生徒が6人に1人いるとなっていましたが、普段生徒と接していると貧困の子でも生活に苦労している感じをあまり受けません。貧困の生徒が多いとなっていますが、そう思えないので私費を減らした方がいいとは分かりますが、すごくという風には感じません。結局どの程度の人が貧困なのですか？

・まず、何をもって「苦労している」と定義するかですね。研修で話した通り、絶対的貧困は分かりやすいですが、相対的貧困は見えづらいです。レジュメに紹介した本でベテランの先生が「日本の子どもの貧困は見ようとしないと見えない」と書いています。服装などの見なりで判断するのは難しいんです。
どの程度、所得で表したら母子家庭で年間220万円ですが、これで程度を想像することは可能ですか？ 新卒の初任給程度ですね。それで、学齢期の子どもを養う程度の人です。
今回の研修では、私費を減らす理由に、「貧困問題」をあげました。これは、分かりやすいと思ったからです。本来なら、憲法解釈から無償の理念を語るべきだと思っています。まぁ、それはそのうちに――。
質問ありがとうございました。

アンケート④
高校に進学する際、おすすめの奨学金制度はありますか？ 返済が大変そうなのであまり使わない方がよいと思うのですが……

・おすすめは、もちろん「給付型」奨学金です。が、現状は所得制限などがあり狭き門です。公的な奨学金以外にも財団やNPOが主宰している奨学金などもあるのでその子にあった奨学金プランを立てることがよいと思います。

アンケート⑤
共同実施ってつまり初任というか5年次研修というような年次研修ですか？

・わたしの説明不足ですね。正式には「学校事務の共同実施」といいまして、自校の学校事務だけではなく、他校の学校事務（き地区10校程度）を共同でおこなう組織です。
このことにより、学校事務の情報を共有し合ったり、仕事をフォローし合ったりします。そこで、芝地区は「共同事務室だより」と「共同で初任者教員の研修」をおこなうということです。

事務室 やなぎさわ

117

２．市内初任者・若手向け研修会資料

■初任者及び若手教職員のための研修会レジュメ

初任者及び若手教職員のための研修会
―― 学校のお金にまつわる話を中心に教育活動をみていこう

柳澤　靖明（川口市立小谷場中学校・事務主査）

０．自己紹介

(1) 事務職員が扱う学校事務
- 教職員と関わる仕事（給料や諸手当、旅費の支給、福利厚生や休暇の手続き）
- 保護者と関わる仕事（学校給食費や補助教材費、旅行積立金などの集金、就学援助の手続き）
- 子どもと関わる仕事（学割や各種証明書の発行、教科書無償給与の手続き）
  - → その他にも、文書受付や発送、電話応対や来客対応、情報の管理などもある

(2) 学校事務の共同実施
- 共同で学校事務の仕事をする組織（8校前後の共同体が10組織ある）
  - → 組織内の学校経営や運営を支えること、学校事務の効率化かつ適正化、機能の強化

１．研修のねらいと意義

(1) なぜ、事務職員が研修をおこなうのか？　機関研修、学校研修を補う
- 機関研修と学校研修における初任者研修の目的は「教師としての実践的指導力と使命感を養うとともに、深い見識を得ること」[1]となっている
  - → 指導力の養成が中心であり、給与面・運営面・管理面にかんしてのカバーが弱い
- 給与体系にかんする内容は、『教師となって第一歩』では「用語解説編」で少々触れられているが詳細の説明はない
- 就学支援制度にかんしても、機関研修等では「要保護世帯・準要保護世帯の児童生徒に対して［学級づくりの視点で：引用者］の配慮」[2]が書かれているのみ
  - → 制度を学び「アウトリーチ」をしていく必要がある
- 学校運営のあり方[3]として、「学校保健」、「学校安全」、「食育・給食」――にとどまる
  - → 直接指導が中心となっているため、「学校財務」などの間接分野が足りない
  - → （学校経営目標を実行に移すための）運営の原動力となる費用面が全体的に足りない

---
[1] 埼玉県総合教育センター所長「初任者研修に臨むに当たって」埼玉県教育委員会『教師となって第一歩』（平成31年度）2頁
[2] 前掲、埼教委「Ⅲよりよい学級（ホームルーム）をつくる」『教師となって第一歩』122頁
[3] 前掲、埼教委「Ⅳ望ましい学校運営」『教師となって第一歩』80-96頁

[第4部　各種実践で使える資料集]

2．給与規程を学ぶ

（1）給与とは何か、給与の原理原則

・教員の給与とは、「教師の人間としての生活条件であることに加えて、子どもたちがよい教育
を受けるために必要な『教育条件』でもある」[4]

・「公立の小学校等の校長及び教員の給与は、これらの者の職務と責任の特殊性に基づき条例で
定めるものとする」（教育公務員特例法 13 条）

　　→　「学校職員の給与に関する条例」、教育職給料表(二)の適用（小中学校の教育職員）

　　→　「埼玉県教育委員会教育長の給与等に関する条例」、教育長の月給は　　　　　円

・「通貨払い」、「直接払い」、「全額払い」（地方公務員法 25 条 2 項）

・人事評価による給与管理（地方公務員法 23 条 2 項）

　　→　自己評価に基づき、総合評価とチームワーク評価が実行され、貢献度を決定する

・人事委員会勧告（地方公務員法 8 条 5 号、14 条 2 項、26 条）

　　→　労働基本権（団結権、~~団体行動権〈争議権〉~~、団体交渉権）

　　→　団体交渉権の制限労働（管理運営事項は交渉の対象外〈地方公務員法 55 条 3 項〉）

　　→　民間企業の従業員給与と比較して、給与にかんする勧告をする

・給与の負担者の変遷（支払者）

　　→　1947（昭和 22）年、学校教育法 5 条「設置者負担の原則」——　全額　　　負担

　　→　1948（昭和 23）年、市町村立学校職員給与負担法 1、2 条——　全額　　　負担

　　→　1952（昭和 27）年、義務教育費国庫負担法 2 条——　　　　国、　　　　都道府県

　　→　2005（平成 18）年、義務教育費国庫負担法の改正——　　　　国、　　　　都道府県

（2）教職調整額と教員特別手当

・教職調整額（公立の義務教育諸学校等の教育職員の給与等に関する特別措置法「給特法」）

・時間外勤務手当≒給料月額の 4％（初任給 204,700 円×0.04＝8,188 円程度の残業代）

・4％の根拠は「教職員の勤務状況調査」（文部省 1966-67 年）により、ひとりあたりの週間時間
外勤務の平均は約 200 分であり、月給比率で計算すると平均 3.8％——　1971（昭和 46）年

　　→　2016 年度集計（速報値）では、週間時間外勤務の平均は約 1,288 分（約 6 倍）

・義務教育等教員特別手当（学校教育の水準の維持向上のための義務教育諸学校の教育職員の人材確保に
関する特別措置法「人確法」）

・教育職員の給与については、一般の公務員と比較して優遇する（3 条）

　　→　2,000～8,000 円の範囲で月給に応じて支給（初任給程度 2 級 19 号給——　2,600 円）

_____
[4] 兼子仁『教育法〔新版〕』（有斐閣、1978 年）327 頁

3．就学支援制度を学ぶ

(1) 教育格差の問題提起（結果の平等ではなく、機会の平等を求めている）

・「たまたま生まれた家がお金持ちだからいい教育を受けられる、あるいは貧しかったから教育を受けられないということではなくて、どんな子供もスタートは同じにする。その後は、本人の努力」[5]──池上彰（ジャーナリスト）

・「親のステイタス（教育、職業、所得）が恵まれていれば、その子どもの教育・職業・所得の決定においても恵まれているのではないか」[6]──橘木俊詔（経済学者）

・「家庭の（‥）経済的豊かさによる学力格差が（‥）拡大」[7]──耳塚寛明（教育社会学者）

(2) 貧困と格差の状態を整理

・「絶対的貧困」[8]と「相対的貧困」[9]という言葉の定義、日本で問題となっているのは後者

　→　2017（平成29）年、子どもの相対的貧困率[10]は13.9%（7人に1人）

　→　ひとり親世帯では50.8%（2人に1人）

・経済格差「修学旅行の前日に木から落ちて骨折し、当日は欠席した子ども」[11]

・健康格差「朝食が食べられずに牛乳とパンを求めて保健室に行列をつくる子ども」[12]

・学力格差「世帯収入とテストの点数は、ほぼ例外なく比例している」[13]

(3) 2013（平成25）年「子どもの貧困対策の推進に関する法律」（国会）

・「子どもの将来がその生まれ育った環境によって左右されること」を避ける（1条）

・翌年の2014（平成26）年に、「子供の貧困対策に関する大綱」が閣議決定（内閣）

　→　学校を貧困対策のプラットフォーム[14]として位置付け、総合的に対策を推進する

　→　**教育費負担（私費負担）を軽減、福祉関連機関との連携**（就学援助制度の周知徹底など）

---

[5] 池上彰『世界から格差がなくならない本当の理由』（SBクリエイティブ株式会社、2017年）211頁
[6] 橘木俊詔編『封印される不平等』（東洋経済新報社、2004年）2頁
[7] 耳塚寛明編『教育格差の社会学』（有斐閣、2014年）1-2頁
[8] たとえば、世界銀行が貧困指標として用いる「1日1.25ドル未満の所得」で生活している状態など。
[9] 「人として社会に認められる最低限の生活水準は、その社会における『通常』から、それほど離れていないことが必要であり、それ以下の生活」状態──阿部彩『子どもの貧困』（岩波新書、2008年）42頁
[10] 世帯全員の等価世帯所得（「世帯内のすべての世帯員の合算所得」／「世帯人数の平方根」）が貧困線未満（等価可処分所得の「中央値の50%」を示すラインのこと）である家庭に属する人の割合を示した数値。所得とは通常、可処分所得（税金や社会保険料を支払い、年金や生活保護、児童手当などの給付金を加えた後の所得のこと）。そして、子どもの貧困率とは、子ども全体のうち、貧困の世帯に属する子どもの割合。
[11] 前掲、柳澤『本当の学校事務の話をしよう』200頁
[12] 保坂渉、池谷孝司『ルポ 子どもの貧困連鎖 教育現場のSOSを追って』（光文社、2012年）152-153頁
[13] 文部科学省「全国学力テストにおける世帯収入と平均正答率」（2014年）
[14] 大綱策定に関わった末冨によれば、「子どもの保護者の教育支援や生活支援、高校における就労支援まで含めた学校が窓口としての役割を発揮するいわば『長期包括支援型』」であると評価（『日本教育事務学会年報・第3号』2016年、24頁）。

[第4部]　各種実践で使える資料集

（4）生活保護制度（教育扶助）——各市の福祉事務所（町村は都道府県が設置する福祉事務所）

・日本国憲法「生存権」（25条）、生活保護法

・学校給食費、学用品、通学用品、教材費、生徒会費、PTA会費や、入学準備金も支給

　　→　2018（平成30）年：制度の一部見直し（学習支援費、クラブ活動費 → 保護費の増減）

（5）就学援助制度——各市区町村の教育委員会

・経済格差を緩和させるための制度

　　→　学校教育法19条

　　→　経済的理由により就学困難

・国の基準（右の図）

　　→　あくまでも自治体の事業

　　→　援助項目は自治体が定める

支給項目		小学校		中学校	
学用品費	学用品費	11,420		22,320	
	体育実技費	スキー	26,020	スキー	37,340
		スケート	11,590	柔道	7,510
				剣道	51,940
				スケート	11,590
新入学用品費		50,600		57,400	
通学用品費		2,230		2,230	
通学費		39,290		79,410	
クラブ活動費		2,710		29,600	
生徒会費		4,570		5,450	
PTA会費		3,380		4,190	
修学旅行費		21,490		60,300	
卒業アルバム代等		10,890		8,710	
校外学習費	宿泊なし	1,570		2,270	
	宿泊あり	3,620		6,100	
給食費		53,000		62,000	
医療費		学校病の治療費12,000			
スポーツセンター掛け金		掛け金の2分の1			

・就学援助制度の課題

　　→　制度周知が進んでいない

　　→　「周知不足」により申請が遅れた問題、「スティグマ」や「後ろめたさ」の問題[15]

・人口規模と制度の情報提供、受給率の関係を調査し、人口規模が大きくなるに連れて制度の周知が徹底され、受給率が高くなる。つまり、制度の周知と受給率が比例関係[16]

・財源の見直し、生活保護基準の見直しによる影響

　　→　2005（平成17）年：一部国庫補助制度から一般財源へ移行したことによる制度不安定

　　→　2014（平成26）年：生活扶助基準の見直しに伴う影響

（6）奨学金制度

・独立行政法人日本学生支援機構（旧育英会）——高等学校は、都道府県に事業移管

・埼玉県の場合、貸与は埼玉りそな銀行（滞納するとカード会社に債権が移管）

　　→　要件は、「品行方正」であって「学習意欲」があり、「経済的理由により修学が困難」

　　→　学校長の推薦は必要だが、成績の要件はない

（7）自治体規模の取組として

・埼玉県では、全国に先駆けたアスポート事業

　　→　無料学習塾の全国的展開を支えた

・埼玉県川口市では、就学援助を利用している家庭まで広げた無料塾（生活困窮者自立支援法）

---

[15] 前掲、柳澤『本当の学校事務の話をしよう』160、163-164頁

[16] 湯田伸一『知られざる就学援助』（学事出版、2009年）103-106頁

４．学校財務を学ぶ

（1）教育格差を埋める（結果の平等ではなく、機会の平等）

・就学支援制度の活用と合わせて、「国がもっと〔教育に対して：引用者〕お金を使うこと」[17]
や、現状の学校予算を有効的、効果的に使うことが求められる

・公教育における公的負担が少ないため、家庭にその負担が重く圧し掛かり教育格差・経済格
差（機会の不平等）を生んでいる状況がある

・『教師となって第一歩』では、「経済的に余裕のない家庭も少なくありません。購入する物品
が『**本当に必要なのか**』『**価格は適正か**』『**時期は適切か**』等に注意しなければなりません」そ
して、「**会計処理は一人の担当者に任せきりにせず、緊張感をもって、収入・支出等の事務処
理を行い、複数の目でチェック**」[18]とある

（2）公費と私費（公費には人件費も含まれ、私費も学校が集金している費用以外が含まれる）

・公費（自治体が負担するお金）、教育委員会事務局から令達される予算（財源は、税金）
　　→　学校を管理するためのお金や、授業を円滑に進めるためのお金など

・私費（保護者が負担するお金）、公に対して私的に集めているお金（財源は、税外保護者負担）
　　→　「学校徴収金」や集金内容を個別に指定して、「教材費」などと表現することもある

・公教育を運営する 2 本柱が今日まで当然のように語られている

（3）日本国憲法 26 条 2 項後段「義務教育は、これを無償とする」の歴史

・1947（昭和 22）年に教育基本法が制定「授業料は、これを徴収しない」（旧 4 条 2 項）

・戦後間もなく財政的に厳しいため現状は授業料に限定[19]

・1964（昭和 39）年の義務教育費負担請求事件[20]では、無償の範囲を「普通教育を受けさせる
につき、その対価を徴収しないこと」とし、授業料に限定

（4）私費負担の種類

・学校給食費は、学校給食法の規定により食材料費を集金（11 条 2 項）

・補助教材費や校外活動費の集金に法的根拠はなく、それらの費用は子供の学習費調査（平成
28 年）によれば、公立小学校で約 10 万円、中学校で約 17 万円

・生徒会費や部活動費、PTA 会費や後援会費などもある

17　前掲、池上『世界から格差がなくならい本当の理由』211 頁
18　前掲、埼文委「会計処理や物品の管理」『教師となって第一歩』20 頁
19　辻田力政府委員答弁「衆議院・教育基本法案委員会」（昭和 22 年 3 月 14 日）
20　最高裁判所『民事判例集 18 巻 2 号』（昭和 39.2.26）343 頁

[第 4 部]　各種実践で使える資料集

（5）補助教材の規程

- ・教科書に加えて**有益適切な教材**（補助教材）の使用を認めている（学校教育法 34 条 4 項）
- ・教科書以外の教材の使用を教育委員会に**届け出させ**、又は教育委員会の承認を受けさせること（地方教育行政の組織及び運営に関する法律 33 条 2 項）
- ・『教師となって第一歩』では、「学校教育において主たる教材とされる教科書以外の図書・その他の教材」[21] と定義し「保護者や児童生徒の**経済上または学習上の負担**を考慮すること」[22]
- ・文部科学省は「補助教材の購入に関して保護者等に経済的負担が生じる場合は，その**負担が過重なものとならないように留意すること**」[23] と通知
- ・川口市でも「**保護者の経済的負担についても考慮**を払わなければならない」[24] と規定

（6）学習指導要領のねらいと教材購入の流れ

- ・中学校理科（無脊椎動物の単元）
    - →　旧版：存在を指摘する程度にとどめる、現行：観察などをして特徴を見いだす
    - →　次期：脊椎動物と比較して共通点と相違点を扱う
- ・授業者（指導計画）と、財務担当者（財務計画）
- ・他にも、算数セットの扱い、栽培セットの扱い、木工実習や被服実習セットなどの扱い
    - →　セットで①私費購入、②公費購入、またはバラで③私費購入、④公費購入

5．まとめ

- ・「教師の研修は、本質的に自主的・自発的なもの」[25] でなければならない（自己人格への統合）
- ・子どもの貧困や公教育における公費保障の減少などの問題を解決に近づけていくためには、学校でどんなことができるのか（子どもへ、保護者へ、地域へ向けた取組）
- ・教育格差を少しでもなくすために、私費の軽減や就学支援制度などの活用方法を学ぶ必要性

6．その他の分野

（1）給与諸手当や旅費の計算方法、休暇の種類や取得事由などの説明

- ・「知っていますか？ あなたの給与旅費」（給与諸手当の基本的なことが書かれている冊子）
    - →　紹介した冊子等をつかって、所属校の事務職員に研修を依頼してみる

---

21 前掲、埼教委「用語解説編」『教師となって第一歩』165 頁
22 前掲、埼教委「用語解説編」『教師となって第一歩』165 頁
23 文部科学省初等中等教育局長「学校における補助教材の適正な取扱いについて（通知）」（平成 27 年 3 月 4 日）
24 「川口市立小・中学校管理規則」第 11 条（教材の選定）
25 宗像誠也『教育と教育政策』（岩波新書、1961 年）104 頁

■考えてみよう！ 保護者負担と就学援助（ワークショップ）

───ミニミニワークショップ♪

考えてみよう！ 保護者負担と就学援助

◎埼玉県川口市の状況を中心に

□.保護者が費用を負担し、購入（準備・実施）している項目はどれ？

◆学校のお金（税金）ではなく、保護者が費用を負担しているものに☑を付けてください。

- 【　】学校給食
- 【　】鉛筆やノート
- 【　】通学に使用する靴
- 【　】算数セット
- 【　】ランドセルや通学カバン
- 【　】むし歯の治療
- 【　】生徒会費
- 【　】調理実習材料
- 【　】修学旅行
- 【　】漢字ドリル
- 【　】遠足
- 【　】制服（ブレザー等）
- 【　】通知票フォルダ
- 【　】朝読書用の本
- 【　】卒業アルバム
- 【　】生徒の個人氏名ゴム印

□.就学援助制度で援助される項目はどれ？

◆川口市が全額援助しているだろうと思う項目に「〇」を付けてください。
◆全額ではないが川口市が一部を援助していると思う項目に「△」を付けてください。
◆川口市では援助の対象としていないと思う項目に「×」を付けてください。

- 【　】学校給食
- 【　】鉛筆やノート
- 【　】通学に使用する靴
- 【　】算数セット
- 【　】ランドセルや通学カバン
- 【　】むし歯の治療
- 【　】生徒会費
- 【　】調理実習材料
- 【　】修学旅行
- 【　】漢字ドリル
- 【　】遠足
- 【　】制服（ブレザー等）
- 【　】通知票フォルダ
- 【　】朝読書用の本
- 【　】卒業アルバム
- 【　】生徒の個人氏名ゴム印

整理した基準があれば書いてください

[第4部] 各種実践で使える資料集

3．家庭向け事務室だより

■2018（平成30）年度 ③学期号「家庭向け事務室だより」

4．学校運営協議会における PDCA 実践資料

■予算編成の提案レジュメ

●川口市学校運営協議会規則 第4条

「対象学校の校長は、次に掲げる事項について、毎年度基本的な方針を作成し、協議会の承認を得るものとする」

（4）「学校予算の編成及び執行に関すること」

※ 同規則第5条 「協議会は、対象学校の運営に関する事項について、教育委員会及び校長に意見を述べることができる」

―― 学校予算の編成及び執行に関する目標 ――

経営目標の一部にある「学校経営における PDCA サイクルの活性化」を受け、財務面（公費・私費）の保障を PDCA サイクルに乗せた取組をおこなう。

1．学校予算について概要

　学校予算の編成と執行について説明する前に、学校予算について概要を説明し、現状の課題を共有しておく必要があると考えました。詳細まで説明することはいたしませんが、概要だけでも理解していただけると理解が深まると思います。

（1）公費と私費

・公費（自治体が負担する公的なお金であり、財源は税金）※学校教育法5条「設置者負担の原則」

　　→　学校を管理するためのお金や、授業を円滑に進めるためのお金など

・私費（保護者が負担するお金、公のお金に対して私的に保護者から集めているお金を私費と呼ぶ）

　　→　保護者負担金や学校徴収金などとも呼び、〈問題集〉や〈修学旅行費〉などに充てる

　　→　公会計されているが、学校給食費も私費

（2）拡大する私費負担

・「義務教育レベルでの『完全なアクセス』を確保」[1]するために、公費保障への展開

　　→　公費と私費で成り立っているという社会的慣習を見直し、公費保障の理念を捉え直す

　　→　公費保障に向けて、学校運営協議会でも議論し、教育委員会と課題を共有していく

　　→　現状では私費負担とされている教材等の有用性を検証する

---

[1] 阿部彩『子どもの貧困』（岩波書店、2008年）240頁

［第 4 部］　各種実践で使える資料集

2. 学校予算の編成方法

（1）公費の予算編成

・年間運営費が教育委員会より配当される

→　約 600 万円（インクや紙などの消耗品、顕微鏡などの備品やそれを直す修繕費など）

→　配当ありきの予算編成

（2）私費の予算編成

・教材や修学旅行、生徒会費などを積み上げる

→　補助教材費は約 500 万円〈2 万円×人数〉（ワークやドリル、実習材料など）

→　必要教材等ありきの予算編成

3. 学校予算の執行方法

（1）執行の流れ（PDCA）

・Plan（計画）：執行計画を立てる

→　年度当初に、各教科等より購入の要求、昨年度の決算を参考にして予算計画を作成

・Do（実行）：執行する

→　予算計画に則して、見積もりを取りながら予算を執行する

・Check（評価）：執行に対する評価をする

→　購入教材等の費用対効果、授業内有用性を評価する

・Action（改善）：評価を受けて改善策を立てる

→　学校予算の総括をおこない、評価を受けた改善案を立て、次年度の Plan に繋げる

4. 学校予算の編成と執行

（1）学校運営費予算計画（公費と私費）

・購入希望調査と前年度決算を参考に予算執行計画の提案　※資料①

（2）執行状況の共有

・中間期において、執行に関する途中経過と修正方針等を共有（今後の会議にて）

■予算執行の提案レジュメ

●川口市学校運営協議会規則 第4条

「対象学校の校長は、次に掲げる事項について、毎年度基本的な方針を作成し、協議会の承認を得るものとする」

（4）「学校予算の編成及び執行に関すること」

※ 同規則第5条 「協議会は、対象学校の運営に関する事項について、教育委員会及び校長に意見を述べることができる」

―― 学校予算の編成及び執行に関する目標 ――

経営目標の一部にある「学校経営における PDCA サイクルの活性化」を受け、財務面（公費・私費）の保障を PDCA サイクルに乗せた取組をおこなう。

1. 学校予算の執行状況について

年度当初に承認いただきました**学校予算（公費・私費）**にかんする**執行状況**をお知らせいたします。

（1）公費と私費

・公費（自治体が負担する公的なお金であり、財源は税金）※学校教育法5条「設置者負担の原則」

　　　→　学校を管理するためのお金や、授業を円滑に進めるためのお金など

・私費（保護者が負担するお金、公のお金に対して私的に保護者から集めているお金を私費と呼ぶ）

　　　→　保護者負担金や学校徴収金などとも呼び、〈問題集〉や〈修学旅行費〉などに充てる

（2）学校予算の執行

・Plan（計画）：執行計画を立てる

　　　→　年度当初に、各教科等より購入の要求、昨年度の決算を参考にして予算計画を作成

・Do（実行）：**執行する**

　　　→　予算計画に則して、見積もりを取りながら予算を執行する

・Check（評価）：執行に対する評価をする

　　　→　購入教材等の費用対効果、授業内有用性を評価する

・Action（改善）：評価を受けて改善策を立てる

　　　→　学校予算の総括から評価を受けた改善案を立て、次年度の Plan に繋げる

［第４部　各種実践で使える資料集］

（3）学校予算の執行状況

【学校予算（公費）の執行状況】

分類	年度当初額	執行済額	残高	執行率
学校管理費・合計				
消耗品費				
印刷製本費				
備品修繕費				
ピアノ調律料				
洗濯代				
自動車等損害保険料				
電子複写機等借上料				
印刷機械等借上料				
校用器具費				
図書購入費				
教育振興費・合計				
消耗品費				
印刷製本費				
教材備品購入費				
教材備品購入費（理科）				
消耗品費（応援団）				
学校保健事業費・合計				
消耗品費				
医薬材料費				
学校給食事業費・合計				
消耗品費				

◎公費執行状況

・印刷機の使用料が上昇
・コピー機は予算通り
・洗濯等は年度末に執行
・備品費は執行完了

◎私費執行状況

・ワーク類は執行完了
・後期支払いはテスト類
・水上自然教室（3,000円）
　修学旅行費執行済み
　　　　　　　（61,000円）

◎予算の評価

**「基礎学力テスト」「A4ノ
ート」**の見直しを検討（数
学科）。
「リスニング教材」の公費
化を検討（英語科）。
「書初め用画仙紙」の購入
量を調整（国語科）。
「ソフトボール」の購入予
算を補正（体育科）。

【保護者負担金（私費）の執行状況】

No.	教科等	補助教材等の名称	金額
1	国　語	市文集「かわぐち」	
2	数　学	A4ノート	
3	社　会	A4ノート	
4	英　語	フレンドノート（後期）	
5	保　体	新体力テスト	
6	家　庭	A4ノート	
7	家　庭	壁掛けティッシュカバー	
8	学　年	入学記念写真	
9	学　年	スポーツ振興センター掛け金	
10	学　年	校外学習（乗車券）	
11	学　年	生徒会費	
12	学　年	エゴグラム診断	
13			
14			
15			
16			
17			
18			
19			
20			
21			
22			
23			
24			
25			

No.	教科等	補助教材等の名称	金額
1	国　語	市文集「かわぐち」	
2	国　語	漢字Wステップノート・ドリル	
3	国　語	国語の学習	
4	数　学	A4ノート	
5	数　学	わかる数学2	
6	理　科	理科の完全学習（ノート付）	
7	社　会	よくわかる社会の学習 地理2（ノート付）	
8	社　会	よくわかる社会の学習 歴史2・3（ノート付）	
9	英　語	英語のパートナー	
10	英　語	ニューリスニングプラス	
11	英　語	フレンドノート（前期）	
12	英　語	フレンドノート（後期）	
13	保　体	新体力テスト	
14	技　術	電気材料	
15	家　庭	調理実習費①	
16	学　年	進級記念写真	
17	学　年	スポーツ振興センター掛け金	
18	学　年	生徒会費	
19	学　年	エゴグラム診断	
20	学　年	生活ノート	
21	学　年	水上（JR団券）	
22	学　年	水上（バス代）	
23	学　年	水上（食事代）	
24			
25			

■仮決算の提案レジュメ

●川口市学校運営協議会規則 第4条

「対象学校の校長は、次に掲げる事項について、毎年度基本的な方針を作成し、協議会の承認を得るものとする」

（4）「学校予算の編成及び執行に関すること」

※ 同規則第5条 「協議会は、対象学校の運営に関する事項について、
教育委員会及び校長に意見を述べることができる」

—— 学校予算の編成及び執行に関する目標 ——

経営目標の一部にある「学校経営における PDCA サイクルの活性化」を受け、
財務面（公費・私費）の保障を PDCA サイクルに乗せた取組をおこなう。

1. 学校予算（公費）と保護者負担金（私費）の仮決算

学校予算（公費）の執行は、3月31日までが会計年度であり、出納整理期間として年度内に執行した額は5月31日まで支払いが可能となる。しかし、川口市の場合は3月中旬で学校現場の出納は事実上閉鎖される。

保護者負担金（私費）の執行も基本的には3月31日までとしているが、3年生は卒業式までに、1・2年生も修了式までに保護者監査及び決算報告を実施する関係から、毎年それ以前には出納閉鎖をおこなっている。

このような学校現場の特殊性を鑑み、「仮決算」という位置づけによる報告をおこなう。

（1）学校運営費の決算と評価

・Plan（計画）：執行計画を立てる

→ 年度当初に、各教科等より購入の要求、昨年度の決算を参考にして予算計画を作成

・Do（実行）：執行する

→ 予算計画に則して、見積もりを取りながら予算を執行する

・Check（評価）：執行に対する評価をする

→ 購入教材等の費用対効果、授業内有用性を評価する

・Action（改善）：評価を受けて改善策を立てる

→ 学校予算の総括から評価を受けた改善案を立て、次年度の Plan に繋げる

[第4部]　各種実践で使える資料集

（2）学校予算（公費）と保護者負担金（私費）

【学校予算（公費）の項目別決算】

品　目	金額	備考	品　目	金額	備考	品　目	金額	備考
再生紙			国　語			総　合		
画用紙・上質（色含）			数　学			行　事		
印刷消耗品			理　科			共　通		
清掃用具			社　会			教室整備用		
事務用品			英　語			コピー代		
給食消耗品			保　体					
保健消耗品			技　術					
その他の消耗品			家　庭					
管理用			音　楽					
生徒用図書			美　術					

・予算編成と執行状況

→　印刷消耗品の予算は、現時点で110％を執行している（再生紙より流用）

→　再生紙は予算の80％程度の執行であり、コピー代は予算と同等の執行が見込める

【保護者負担金（私費）の教科別決算】

教科等	ひとりあたりの金額			総額		
	1年	2年	3年	1年	2年	3年
国語科						
社会科						
理科						
英語科						
数学科						
美術科						
技術科						
保健体育科						
家庭科						
音楽科						
総合						
学年						
合計						

・予算編成と執行状況

→　予算編成時に計上した教材等以外は購入していない

→　指導計画の変更や調整、値引き、価格変更による減額が生じている

学校全体で約500万円の教材費＋学校給食費1,100万円、修学旅行費450万円

終章 学校徴収金が撤廃された未来を考える
事務職員は何をするべきか

１．義務教育の無償性を実現させるために

　本書では一貫して、学校徴収金を減らす実践や考え方を紹介してきました。しかし、学校現場による工夫や取組だけで、それを撤廃させることはかなり困難です。

　減らすために必要な３つの取組[31]を示しましたが、それに加えて**④公費を増やす**という話を少ししておきます。

　学校徴収金を撤廃して無償性を実現させるには年間どのくらい費用が必要なのかという試算があります。本書では扱わなかった学校給食費を無償にするためには5,120億円（鳶咲子2016：p.227）[32]が必要だそうです。また、学校給食費に学校教育費を加えて試算すると約１兆1,597億円（栁澤靖明2016：p.226）[33]が必要です。なお、同様の調査による最新データ（文部科学省2017a・b）を用いて試算[34]すると約１兆2,815億円となり、増えています。

31　①買っていたものを買わないようにする、②学校徴収金で買っていたものを公費で買う、③買っているものを安いものに変更する。

32　小学校の月額を4,266円として648万人、中学校のそれを4,882円として324万人、それに12ヵ月を乗じた試算です。

33　「子供の学習費調査」と「学校基本調査」により試算しています（小学校の学校給食費を含めた学校教育費は97,232円×6,425,764人、中学校では167,648円×3,190,829人）。

34　小学校の学校給食費を含めた学校教育費は104,484円×6,483,515人、中学校では177,370円×3,406,029人で試算しました。

132

終章　学校徴収金が撤廃された未来を考える

　参考として、高等学校まで無償性の実現を延ばした場合、公立小中高
等学校における学校徴収金の総額は約1兆8,600億円であり、高等学校
の授業料に要する費用を合わせる[35]と、約2兆1,100億円が必要である
（世取山・高橋・岩井2012：pp.488-489）とあります。

　公教育の無償性を実現させるためには、莫大な費用がかかるようにみ
えます。そのため、絵空事を示したように思われるかもしれません。し
かし、子どもを育てている保護者に対しては、児童手当が支給されてい
ます。子どもひとりあたりで、その支給額と学校徴収金を比べると年間
で704円不足する程度（栁澤靖明2016：p.226）[36]という試算をしました。
児童手当を財源にすれば、無償性の実現は手に届く範囲なのです。

　また、OECD加盟国の公費支出に着目した試算もあります。OECD
（2012）によれば、日本の初等中等教育への公費支出対GDP比は2.5%
（加盟国**平均3.5%**）であり、実額は12兆3,000億円です。先に述べた費用
のなかで、もっとも公費を必要とするケース（公立小中高等学校におけ
る学校徴収金の総額）に、同校種における30人以下学級を実現させるた
め、教職員の定数を改善させる費用（約1兆2,600億円）を加えたとして
も、約3兆3,700億円です。そして、その対GDP比は2.5%から0.7%上
昇して3.2%の公費支出となりますが、平均の3.5%には及ばず、**国際的
な標準と比べてもごく控えめな要求にすぎない**（世取山・高橋・岩井
2012：pp.493-494）ことが確認されています。

　これでも、やはり机上の空論といわれそうです。しかし、ゴールは見
えています。あとは国民の意識をそのゴールに向かわせること、費用負

35　授業料の無償化政策により予算化している公費分です。
36　注31と同様の計算式で義務教育期間における学校徴収金を試算し（小学校の年間費用に6を、
　　中学校は3を乗算）、そこから児童手当を月額10,000×12ヵ月×9年間にならして試算した額
　　を減算したあとに、年間額を算出するため9で除算しています。

担のあり方を議論し、コンセンサスを得られるかどうかです。

　そのため、**あくまでも学校徴収金の撤廃を目的にして、減額実践を重ねていくことが必要であり**、その過程で議論も深まっていくと考えます。そして、学校現場がイニシアティブをとって進めていくためには、事務職員の働き、ここまで書いてきたような学校財務実践がインセンティブになることは間違いありません。

２．評価や適正性を考えていくためには知識が必要

　仮に無償性が実現された場合、その未来で事務職員はどんな仕事に重点を置くべきなのか考えてみます。

　公費予算が現状の10倍になったとしても、その仕事が10倍になり、忙しくなるという単純な計算にはなりません。むしろ、扱う額が大きくなれば責任や価値は高まります。現在より、学校財務担当者は学校経営ないしは、教育計画に深く参画していかなくてはならないでしょう。また、学校徴収金が撤廃されているわけですから、その関係の仕事は存在しません。ワークやドリル、各種実習用品なども公費で購入することが当たり前の状態です。おそらく、ワークやドリルなどの購入手続きだけ、現状のように授業担当者が扱うことは考えにくいため、事務職員の認識や意識のレベルに応じることなく、学校財務の領域を広げていくことが求められます。

　学校徴収金がすべて撤廃されても、第１章で示した学校財務をPDCAサイクルで回すことは必要な実践として残ります。むしろ、多額となった公費をよりいっそう適正な手続きで扱わなくてはなりません。そのため、予算執行計画や執行状況に関する実践のウエイトも高まります。そ

終章　学校徴収金が撤廃された未来を考える

して、**執行（実施）に対する評価をすることや適正性を検討していくた
めには、その教科や領域に関する高い見識が求められる**でしょう。当然、
事務職員も教育課程を頭に叩き込み、教育計画としての指導計画を理解
し、財務計画を立案していくことが必須です。これこそが、真の意味で
学校財務をつかさどる実践と定義されていくでしょう。

　しかしその場合、事務職員に必要な知識や指導面に関する考え方をど
のように養成するかという課題を解決しなくてはなりません。例えば、
近年みられるようになってきた〈教育事務〉という採用形態、または試
験内容の検討といった採用方法、そして採用後の育成指針などを検討し
ていく必要があります。

　このあたりは、本書の目的から外れるため割愛し、具体的に幅広く深
い知識をどのように培っていくか考えていきます。

3．授業を身近な情報源にする

　実際に授業を担当していない事務職員がどのように授業とそれを補助
する教材について考えていくべきなのか、これはなかなか難しい問いで
す。学習単元とそのねらい、使用する教材[37]そのものに関する知識をも
つことが必要なことはいうまでもありません。また、実際の使用状況や
状態、効果を知るためには授業を参観[38]し、授業が実施されている現場
を知る必要もあります。そこでは、**座学では得られない臨場感や授業担
当者独特の指導的ニュアンス**を受け止めることができます。

37　ここでは、ワークやドリルなどの補助教材と、顕微鏡やリトマス試験紙などの教材・教具・消
　　耗品を合わせて「教材」とします。
38　事務職員が教室に近づくと、教員は用事があると勘違いして授業を中断することがあります。
　　事前に、声をかけておくと参観しやすいと思います。

135

学習指導面を学ぶための情報収集方法として、実行しやすい順に紹介します。まず、ひとりで学べる読書があります。読みやすい順に、自校のシラバスや年間指導計画、教科書、そして学習指導要領やその解説まで手を伸ばすと相当な知識を得ることができます。

　また、すべて読破しようとせずに、ある程度の雰囲気がつかめたら授業を参観してみます。参観しやすい順に、休日の授業参観や平日の授業参観、外部公開研修としての研究授業や校内研修としての研究授業、通常の授業時間があります。これらの取組により得た情報を踏まえながら、評価や適正性、教材の選定方法を考えていくと授業担当者と深みのある議論が可能になるでしょう。

4．学習指導、その財務面をつかさどるために

　学習指導の財務面を単元別に検討した実践を紹介します。研究会の取組として「理科教材整備及び財政基準（案）」[39]という資料をつくりました（章末を参照）。これは、理科（小学校3～6年生）の単元ごとに、ねらいを達成させるために必要だと考えられる教材と価格を示し、**事務職員としての観点を加えた**資料です。学習指導要領の財務面を担っているようなものであり、教材整備指針より単元の具体を検討しています。

　作成過程において、学習指導要領やその解説、教科書など（以下、各種指導資料）を参照し、授業展開をイメージしながら、教材をピックアップしていきました。この作業がたいへん勉強になります。教材の価格を調べるとき、あるメーカーのカタログを開くと、単元別に必要教材一

39　まず、理科教材を選んだ理由は、使用する教材が多いことや実験など、使っている感覚をイメージしやすいためです。

終章　学校徴収金が撤廃された未来を考える

覧が掲載されていました。しかし、それにはセット教材を中心に選定されていました。

　例えば、豆電球を使う単元では、豆電球とソケット、導線などが別々に掲載されることなく、豆電球実験セット（40人分）となっていました。授業担当者が○○セットや○○キットを選びやすく、それが保護者負担となっていく理由がわかります。このように**安易なセット品購入は、安易な保護者負担への転換にもつながってしまう**などという懸念事項を事務職員としての観点で指摘します。もちろん、授業準備や展開の方法、時数なども考慮して検討する余地はあります。

　授業担当者との意見交換が重要だと感じた事例をひとつあげます。小学校の第3学年では校舎周辺など身近なところの観察（植物や昆虫）から学習に入り、昆虫の成長の様子を観察する単元では、モンシロチョウの卵が教材として必要になります。このように一般的に販売しているかどうか悩むもの、カタログに載っていないもの、各種指導資料にも入手方法は書かれていません。しかし、授業では使用し、さらに費用はかかっていませんでした。このように事務職員には見えづらい教材もあります。だからこそ、授業担当者を交えた意見交換は重要なのです。

　また、授業を参観する必要性の部分でも触れましたが、各種指導資料を読むだけでは得ることができない経験談や単元への思いも知ることができます。教材選定、そして授業をつくるという行為は、無償性が実現された未来にはもちろん、学校徴収金が存在している現在においても、財務担当者と授業担当者との〈協働実践〉は、たいへん重要になると考えています。そして、この〈協働実践〉により、指導計画と財務計画の両輪性が保たれ、より強固な教育計画の立案と実行につながり、**学校組織においても事務職員への期待は高まっていくことでしょう。**

【引用・参考文献等】
●鳫咲子（2016）『給食費未納』光文社
●文部科学省（2017a）「子供の学習費調査【平成28年度版】」平成29年12月22日
●文部科学省（2017b）「学校基本調査【平成28年度版】」平成28年12月22日
●栁澤靖明（2016）『本当の学校事務の話をしよう』太郎次郎社エディタス
●世取山洋介・高橋卓矢・岩井桃子（2012）「公教育の無償性を実現する新しい法制の骨格」世取山洋
　介・福祉国家構想研究会編『公教育の無償性を実現する』大月書店、pp.477-495
● OECD（2012）『図表でみる教育 OECD インディケータ（2011年版）』明石書店

終章　学校徴収金が撤廃された未来を考える

単元名	風やゴムの はたらきをしらべよう	時数		⑧

【目標】 　風やゴムのはたらきについて興味・関心をもって追究する活動を通して，風やゴムの力をはたらかせたときの現象の違いを比較する能力を育てるとともに，それらについての理解を図り，風やゴムのはたらきについての見方や考え方をもつことができるようにする。
●風の力は，物を動かすことができること。
●ゴムの力は，物を動かすことができること。

1　風のはたらき　　　　　3

物を動かす風のはたらき　1	○身の回りで，風で動く物にはどのような物があるか話し合う。 ○風で動く車を作る。 ○作った車を自由に動かし，風のはたらきについて体感する。
風のはたらきと車の動き　1	○送風機で強い風と弱い風を車にあてて，車がどこまで走るかを調べて記録する。
やってみよう ［もっとよく車を走らせよう］	○風を受ける紙の形や大きさを変えると，車の動き方が変わるか調べる。

2　ゴムのはたらき　　　　　4

ゴムのはたらきと車の動き　1	○風で走る車を輪ゴムで走るように作り替える。 ○ゴムののばし方を変えて，車がどこまで走るかを調べて記録する。
やってみよう ［ぎりぎりゲームをしよう］	○ゴムののばし方を調整して，車の走る距離をコントロールして車を走らせる。
作ってみよう ［風やゴムで動くいろいろなおもちゃを作ろう］	○風やゴムのはたらきで動くいろいろなおもちゃ作りをする。
ふりかえろう　1	○「ふりかえろう」「学んだことを生かそう」を行う。

種	教材名（教材・原材料等）	需要数	需要数に対する算出基礎	標準単価	必要予算
◎	プラスチック段ボール（200×100mm）	40		¥120	¥4,800
○	板目表紙（B5）	40	1人1枚	¥10	¥400
◎	タイヤセット	2	20人分を2セットとして1人1台分	¥2,929	¥5,858
×	うちわ	40	持参or下敷きなどで対応可能		
×	文房具（セロハンテープやハサミ）				
◎	送風機	8	グループで1台程度	¥1,500	¥12,000
◎	竹定規	40	┐	¥200	¥8,000
◎	目玉クリップ	40	├ ゴムで走る車を作るために使用	¥17	¥680
○	輪ゴム	40	┘	¥1	¥40
○	筒状の空き箱	40	┐		
○	割り箸	40	│	¥6	¥240
○	ワッシャー	40	├ ゴムで転がる筒を作るために使用	¥30	¥1,200
○	ペットボトルのふた	40	│		
○	輪ゴム	40	┘	¥1	¥40

学校事務職員としての教材観
（代用品や工夫などの視点）

・「風で動く車」作成においては、タイヤ部分をプーリー（滑車）と竹ひごで作った方が安くできるが、そんなに消耗するものではないので、継続使用を鑑みてより車に近い雰囲気を出すためにタイヤセットを計上した。

・「風で動く車」はひとり一台作成とした。板目表紙で作る風を受ける部分に多様性がある方が実験の結果に変化が起きて学習が広がると感じた。それに対する費用面はそこまで高額にならないと分かった。

・ゴムの伸縮は車での実験を想定しているので、もうひとつ "ねじる動き" をゴムまき車で実験する。

・転がる筒を作るために使用する "ペットボトルのふた" であるが、準備段階で穴を開けるためにキリやハンダゴテが必要になるかもしれない。

おわりに

　今年、NHKの番組収録を手伝う機会がありました。「首都圏ネットワーク」から始まり、「おはよう日本」「あさイチ」——朝昼晩と3回も出演させていただき、テレビを通して**〈学校徴収金は減らせること〉**、その実践や考え方などを伝えることができました。

　その番組を見た『学校事務』編集長の木村拓さんより、「事務職員はもとより、一般的にも関心が高いテーマ」と評され、取組の書籍化を提案いただきました。このような機会をいただいたことに感謝申し上げます。

　さて、わたしの仕事に関するモットーは、〈事務職員の社会的認知を高めること〉です。そのため、〈学校事務職員〉という看板を背負って、事務職員界の外に向けた活動もしています。さらに最近では、認知だけではなく**〈事務職員の社会的価値を高めていくこと〉**にまで広がってきました。事務職員の働き方によって、保護者や子ども、地域まで変わってくるかもしれない——、そう思ったきっかけが「学校徴収金」です。

　学校徴収金、それ自体はほとんどの学校で扱っていますが、適正性の議論をリードできるのは事務職員が適任です。そして、〈学校徴収金を減らせる立場にあり、その取組をリードできる〉職種です。

　子どもの貧困が問題視されている現代、その対策として国でも教育費の軽減政策に積極的です。そして、学校現場でも学校徴収金の軽減から撤廃をめざし、無償性の実現を目的として、社会問題を解決に近づけていくことが求められます。このように事務職員の職務を社会と対峙して考えていくことで、社会的価値を高めていくことができるでしょう。

　「適正性」という言葉を出しました。学校徴収金の問題を論じるとき、「私費の適正化」という目標をよく耳にします。しかし、**〈私費に適正性**

141

を確保させることで、私費自体の存在という問題を隠してはいけない〉
と考えています。「適正」という言葉を使うなら、収入と支出を合わせる
ような適正処理ではなく、憲法が要請している無償性を実現させた適正
状態（＝撤廃）を確保することこそ、真の「私費の適正化」と考えます。

　学校徴収金は本書で紹介した費用以外にも多くあります。制服や体操
着、シューズなどの学校指定品にかかる費用もあります。また、修学旅
行費などに関しても、学校で積み立てをしている費用以外に、大きめの
バックや当日の行動費用、お小遣いなどが必要です。このように事務職
員には見えづらい、間接的な学校徴収金や現物持参品にも費用はかかっ
ています。このような「隠れ教育費」（柳澤靖明・福嶋尚子2019）に関し
ても、学校現場で学校財務を担う事務職員は実態を把握し、理念を伝え
て減らしていく対策を講じていくことが求められます。

　昨今、全国各地に散らばった学校財務実践という〈点〉がつながり、
〈線〉を描き、〈面〉として広がってきたように思えます。本書は、**その
広がった面に〈高さ〉を加える目的**で執筆しました。全国の学校財務実
践に高さ（高いレベルの平準化）が加わることで、学校徴収金をあるべ
き姿へ移行できると考えます。

　最後に、もうひとつのモットーを紹介します。それは、〈限られた時間
内で最大限の効果を出すこと〉です。そのため、残業はしません。本書
で紹介した実践は、工夫次第でノー残業による実行が可能です。働き方
改革が叫ばれているなか、業務量を増やすような提案書に思えるかもし
れませんが、定時で仕事を終わらせてもできる仕事です。

　ぜひ、実践してその効果を体感してください。子どもたちの今、そし
て未来のために事務職員として最大限の力を発揮していきましょう。

　　　　2019年8月31日　大好きな夏休みが終わる日に──柳澤　靖明

執筆者プロフィール

栁澤　靖明（やなぎさわ　やすあき）───── milkychocolatjohn@yahoo.co.jp

　埼玉県の小中学校（小・7年、中・11年）で事務職員として勤務し、現在は川口市立小谷場中学校事務主査。「事務職員の仕事を事務室の外に開く」をモットーに、事務室だより『でんしょ鳩』などで、教職員・保護者・子ども・地域へ情報を発信し、就学支援制度の周知や保護者負担金の撤廃に向けて取り組む。さらなる専門性の向上をめざし、2014年から中央大学法学部通信教育課程で学び始め、2018年3月に卒業（卒業論文：子どもの教育を受ける権利保障の法原理的考察）。

　川口市立労働安全衛生委員（2013年～）、川口市立小谷場中学校学校運営協議会委員（2017年～）、日本教育事務学会理事（2018年～）、川口市教育研究会事務局長（2019年～）、若手の交流を目的として、全国学校事務ユースCommunity〈いちごの会 Next Stage〉を主宰（2011年～）。

　主な著書に、単著『本当の学校事務の話をしよう』（太郎次郎社エディタス、2016年）、共著『隠れ教育費』（太郎次郎社エディタス、2019年）、『増補改訂 つくろう！事務だより』（学事出版、2017年）、『保護者負担金がよくわかる本』（学事出版、2015年）、分担執筆『Q＆A学校事務実務必携』（ぎょうせい、2017年）、『事務職員の職務が「従事する」から「つかさどる」へ』（学事出版、2017年）、『学校経営を活性化する学校事務の実践』（学事出版、2010年）、『就学援助制度がよくわかる本』（学事出版、2009年）、論文「学校財務評価の理論と実践」（日本教育事務学会年報、2017年）などがある。

学校徴収金は絶対に減らせます。
年間１万円以上の保護者負担を削減した事務職員の実践ノウハウ

2019年12月12日　　第１版第１刷発行

著　者　　栁澤靖明

発行者　　安部英行

発行所　　学事出版株式会社
　　　　　〒101-0021 東京都千代田区外神田 2-2-3
　　　　　電話 03-3255-5471
　　　　　http://www.gakuji.co.jp

編集担当　　木村　拓
装　　丁　　精文堂印刷株式会社／内炭篤詞
印刷・製本　精文堂印刷株式会社

© YANAGISAWA Yasuaki
2019 Printed in Japan
ISBN978-4-7619-2597-0 C3037